高等教育と
ESD
Education for Sustainable Development

持続可能な社会のための高等教育

阿部 治 監修
荻原 彰 編著

大学教育出版

巻 頭 言

　近年、日本においても大学関係者の ESD（持続可能な開発のための教育）の必要性への理解が進み、ESD を導入する大学が増加しつつある。しかし、ESD についての共通理解が確立されているとは言い難く、ESD に関心があっても、その理念や具体的なカリキュラム、どのように教職員や学生を組織化していくかという方法論がよくわからないという大学関係者が多い。また、このような疑問に応え、大学における ESD の導入や発展に資する指針となるような概説書も、ほとんど存在していない。

　そこで、本書は、このような現状を打開するため、大学教育における ESD の理念や背景、国際的動向、また先行して ESD の実践を行っている大学の事例をもとにして、どのようにカリキュラムを組めばよいのかというカリキュラム論をはじめ、組織論、教材例などを提示し、ESD の導入やさらなる発展を目指す大学関係者の指針となることを目的として企画された。

　一方、高等教育における ESD は、新たな研究分野としても注目されつつある。これまで環境教育、開発教育などについては学会や研究会が組織され、研究領域としての一定の基盤を獲得している。しかし、これらの教育を統合する ESD については、社会的ニーズが高いにもかかわらず、まだ研究が十分に進展していない。高等教育における ESD においても、大学間ネットワークである HESD（ESD のための高等教育）フォーラムが発足してまだ数年であり、研究分野としては未成熟な段階である。逆に言えば、若い研究者が存分に腕を振るえるフィールドであり、今後の爆発的進展が望める分野でもある。本書は、高等教育における ESD の世界的動向、日本における今後の展望、実践の到達点を示すことによって、研究者にとっても有用な研究図書となることも意図している。

　ESD に関心のある大学の教職員、ESD に関連する専攻（環境教育、理科教育、開発教育等）の大学院生・学部生に広く読まれることを願ってやまない。

立教大学社会学部教授・ESD 研究センター長、日本環境教育学会会長　阿部　治

はじめに

　2008年、岡山理科大学で開かれた科学教育学会において、「持続可能な社会のための科学教育」というタイトルの学会企画課題研究セッションが開かれた。学会企画課題研究とは、科学教育学会が、特定の領域を選択し、その領域の研究者や実践者に集中的に発表してもらうものであり、一種のシンポジウムのようなものである。

　実は、「持続可能な社会のための科学教育」はここ数年、継続して開かれており、社会のさまざまなセクターがどのように「持続可能な社会のための教育」（Education for Sustainable Development）に関わればよいのか追究してきた。

　2008年にはセクターとして大学を扱うことになり、筆者の荻原とメディア教育センターの加藤浩教授（現放送大学ICT活用・遠隔教育センター長）が前年から、候補となる大学を探してきた。その過程で、筆者は大学が、ESDの中心的役割を担っていることに改めて気づかされた。

　持続可能な社会をつくり上げるためには、その中核的任務を担う環境・平和・人権などの専門家だけでなく、政治や経済などの指導的立場の人びと、さらには主権者たる国民の合意と積極的な参加が必要となる。そして大学は、教育機関として、そのすべての側面（専門家養成、リーダー養成、教養ある市民の育成、教員養成を通じての初等中等教育への関与）に、キープレーヤーとして関与している。

　環境研究などの学術的側面はいうまでもないが、近年、注目されているのは、大学が地域のESDの取り組みの主体として大きな役割を果たす可能性を持っていることである。本書で取り上げている各大学も、学内でESDが完結するのではなく、地域にESDを広げ、逆に地域の力を学内のESDに取り込んで、いわば地域と共振しながらESDを発展させている。

　上記の科学教育学会のセッションでのパネラーを選ぶに際して筆者が注目したのは、文部科学省の現代GPという事業である。詳しくは第2章の「現代GPについて」で述べるが、当時、文部科学省は、大学教育において戦略的に育成すべき分野をいくつか選定し、支援する事業（現代GP）を展開していた。

ESD もその一つであり、優れた取り組みを提案した 30 の大学が選ばれ、一定の財政支援が行われた。これらの大学の ESD 実践はいずれも厳格な審査を経たものであり、質的な保証がなされている。これらの大学の実践の中から、他の大学の参考になる可能性が大きいと思われる 4 つの大学を選び、セッションで発表していただいた。それが本書第 2 章で紹介されている岩手大学、昭和女子大学、神戸大学、愛媛大学である。

一方、初等中等教育、ひいては社会に大きな影響を与えるのが初等中等教育教師に対する教育（教師教育）である。教師教育は多くの大学で行われているが、中心的にこれを担当するのは教育学部・教育大学である。全国の教育学部・教育大学の中で宮城教育大学は ESD に顕著な実績を上げている大学として知られており、本書では教師教育の代表として宮城教育大学の実践を取り上げた（第 3 章）。

第 2 章、第 3 章は ESD の優れた実践例のケーススタディであるが、ESD を考える上では、ESD のグローバルな動向を俯瞰的に展望することも必要である。そこで第 1 章で金沢大学の鈴木克徳が ESD の世界的動向を概説している。

鈴木は国連アジア太平洋経済社会委員会（ESCAP）、世界銀行で環境政策を担当し、環境省でも地球環境局環境保全対策課長を務めるなど、国際的環境政策に詳しい。その後、国連大学高等研究所上席研究員に転じ、国際的な ESD の動向の研究を行い、現在は金沢大学教授を務めている。

第 4 章では、編著者の荻原が、本書で取り上げた各実践および日本国内の他の優れた実践を参照し、日本における ESD の今後の展望をまとめた。

監修者の阿部治（立教大学教授）は日本の ESD の第一人者であり、日本の ESD の発展に最も貢献してきた研究者である。学校・行政・NPO といった ESD のアクターのすべてに通じ、ESD-J（「持続可能な開発のための教育の 10 年」推進会議）の代表理事、日本環境教育学会会長を務めている。

本書は高等教育関係者、ESD 関係者だけでなく、初等中等教育の教師や環境・教育行政官にも有用な理念・事例を提供しており、広い範囲の読者の要求に応えた内容であると考える。

2011 年 7 月

編著者　荻原　彰

高等教育とESD
―持続可能な社会のための高等教育―

目　次

巻頭言……………………………………………………………… 阿部　治… *i*

はじめに…………………………………………………………… 荻原　彰…*iii*

第1章　世界的動向……………………………………………… 鈴木克徳… *1*
 1. 持続可能な開発のための教育（ESD）の沿革 …………………… *1*
  （1）国連人間環境会議と人間環境宣言　*1*
  （2）国際環境教育プログラム（IEEP）　*2*
  （3）ベオグラード会議とトビリシ会議　*4*
  （4）「われら共有の未来（Our Common Future）」における持続可能な開発概念の提唱　*5*
  （5）国連環境開発会議（地球サミット／リオサミット）　*5*
  （6）人間開発のための環境・人口教育と情報（EPD）　*6*
  （7）環境と社会に関する国際会議（テサロニキ会議）と持続可能性のための教育（EFS）　*7*
  （8）持続可能な開発のための世界首脳会議（ヨハネスブルグサミット）　*9*
 2. 欧州を中心とする世界の高等教育機関の動向 ………………… *10*
  （1）持続可能な開発のための教育に向けた一連の宣言　*10*
  （2）高等教育世界会議（World Conference on Higher Education : WCHE）　*11*
  （3）持続可能性のための世界高等教育パートナーシップ（Global Higher Education for Sustainability Partnership : GHESP）の結成　*12*
  （4）ウブントゥ宣言とウブントゥ同盟　*12*
 3. 国連持続可能な開発のための教育の10年（DESD）国際実施計画の策定 ……………………………………………………………… *13*
  （1）DESD国際実施計画（International Implementation Scheme : IIS）の策定経緯　*13*
  （2）DESD国際実施計画（IIS）の概要　*15*

4．国連持続可能な開発のための教育の10年（DESD）の実施の進展
　　　　　　……………………………………………………………………… 17
　　　（1）国連持続可能な開発のための教育の10年（DESD）の開始式典　17
　　　（2）第4回環境教育国際会議（トビリシ＋30）とアーメダバード宣言　19
　　　（3）DESD 中間年会合とボン宣言　20
　　5．国連や各国における DESD 推進活動 ……………………………… 22
　　　（1）国連における DESD の推進　22
　　　（2）各国における DESD の推進　27

第2章　高等教育における ESD 実践─現代 GP の事例から─ ………… 32
　1．現代 GP について ………………………………………… 荻原　彰…32
　2．学際的・総合的な学士課程教育としての ESD
　　　　　……………………………………松岡広路・朴木佳緒留・髙尾千秋…34
　　　（1）はじめに　34
　　　（2）神戸大学における ESD の目的と特徴　34
　　　（3）ESD コースの推進基盤としてのヒューマン・コミュニティ創成研究セ
　　　　　ンター　36
　　　（4）カリキュラムと教育方法　39
　　　（5）実施体制　52
　　　（6）現代社会にうねりを生み出すための挑戦　55
　3．大学を地域に開く─高等教育におけるサービスラーニングとしての
　　　ESD ─ ………………………………………………………… 芦川　智…58
　　　（1）はじめに　58
　　　（2）双方向の情報ネットワークの構築　60
　　　（3）GP 活動の内容　61
　　　（4）諸活動の問題点と課題　75
　　　（5）おわりに　78
　4．共通教育で ESD 指導者を育てる ………………………… 小林　修…79
　　　（1）愛媛大学環境 ESD カリキュラムの概要　79

（2）「つながり」を意識したカリキュラムの理念　80
　（3）カリキュラムの仕組み　83
　（4）資格の認定　91
　（5）カリキュラムの運営組織　93
　（6）事業開始から3年間の成果と課題　94
5. 大学丸ごとESD―岩手大学「学びの銀河」プロジェクト―
　　　………………………………………………………玉真之介…97
　（1）はじめに　97
　（2）岩手大学における教養教育改革　98
　（3）「ESDという旗印」の提案　99
　（4）提案への反応　101
　（5）カリキュラムの構造化と可視化　103
　（6）3つのウイング　105
　（7）プロジェクトの成果　107
　（8）プロジェクトの今後　108
　（9）おわりに　110

第3章　教員養成大学での持続発展教育（ESD）……………小金澤孝昭…116
1. はじめに―ESD活動の到達点と課題―……………………………116
2. 学校教育とESD（持続発展教育）……………………………………117
　（1）何がESD・持続発展教育なのか　117
　（2）持続発展教育と学校教育　118
3. 教員養成大学での持続発展教育……………………………………121
　（1）社会貢献と大学　121
　（2）教員養成大学のESD　123
　（3）ESD・持続発展教育の学習プログラム　125
4. おわりに………………………………………………………………132

第4章　高等教育における ESD —今後の展望— ……………… 荻原　彰…*134*

1. ESD の理念と使命 …………………………………………………… *134*
   （1） ESD を軸とした高等教育の再構築　*134*
   （2） ESD ビジョン—未来からの逆算—　*136*
   （3） 持続可能な世界というビジョンと学際性の必然　*138*
   （4） 足下を掘る—ローカルからグローバルへ、グローバルからローカルへ、学問から問題へ、問題から学問へ—　*139*
   （5） 地域に入る・地域を学ぶ—知をゆさぶる—　*140*
   （6） 地域に関わる・地域を変える
       —協働とエンパワーメント、実践知の構築—　*141*
   （7） 教育から学問へ　価値中立から価値定立へ　*143*
2. ESD の課題 …………………………………………………………… *145*
   （1） はいまわる ESD？（活動偏重への懸念）　*146*
   （2） 地域との協働について　*149*

世界的動向

1. 持続可能な開発のための教育（ESD）の沿革

　持続可能な開発のための教育（education for sustainable development：ESD）を巡る世界的な議論には、いくつかの流れがある。もっともよく知られているのが、1972年の国連人間環境会議から、1992年の国連環境開発会議（リオサミット）、2002年の持続可能な開発に関する世界首脳会議（ヨハネスブルグサミット）に至る環境政策の中での議論である。もう少し詳しく見ると、その中には、トビリシ会議からテサロニキ会議を経てアーメダバード会議に至る環境教育関係者による活動が見えてくる。これに対し、欧州の教育界を中心とするコペルニクス・キャンパスの設立、国際大学協会（IAU）を通じてのESDの周知普及活動、ウブントゥ宣言とウブントゥ同盟の設立などの教育界からのアプローチもあり、それらの努力が1992年のリオサミット、2002年のヨハネスブルグサミットを経て統合されるようになったとみなすこともできる。

（1）国連人間環境会議と人間環境宣言

　まず環境教育の流れについて概観する。持続可能な社会づくりとそのための教育の必要性は、1972年に開かれた国連人間環境会議にまでさかのぼることができる。この会議は、1950年代、60年代の酸性雨問題等の環境問題の深刻化を踏まえ、1972年6月に世界113ヶ国の代表が参加して、ストックホルム（スウェーデン）で開催された環境問題についての最初の世界的なハイ

レベルの政府間会合である。会議テーマの"かけがえのない地球（Only One Earth）"は、環境問題が地球規模、人類共通の課題になってきたことを示すものとして有名である。また、26項目の原則からなる「人間環境宣言」および109の勧告からなる「環境国際行動計画」は、同年に発表されたローマクラブによるレポート「成長の限界」とともに、その後の世界の環境保全に大きな影響を与え、ユネスコ総会での「世界の文化遺産および自然遺産の保護に関する条約」（世界遺産条約）採択（1972年11月）や「国連環境計画（UNEP）」設立（1972年12月）の契機にもなった。一方で、開発が環境汚染や自然破壊を引き起こすことを強調する先進国と、未開発・貧困などが最も重要な人間環境の問題であると主張する途上国とが鋭く対立した会議でもあった。

人間環境宣言の中では、「持続可能な」という言葉そのものは使われていないが、例えば前文などの中に、「将来世代のことを考え、環境を利用していく」という考え方は明記されている。環境教育の必要性については、原則19に、「環境問題についての青少年教育と成人教育は、恵まれない人々に十分配慮して行うものとし、個人、企業及び地域社会が開かれた考え方を持ち、責任ある行動をとるための基盤を拡げるために必要不可欠である。」と明記されている。また、環境国際行動計画では、環境教育に関する重要な指針を勧告している。環境教育の内容は、学際的な手法で、学校の内外を問わず、あらゆる教育の段階に及び、公衆、特に都市・農村の一般市民を対象とし、年齢を問わないとしている。

（2）国際環境教育プログラム（IEEP）

1975年、国連教育科学文化機関（UNESCO）とUNEPによって「国際環境教育計画（International Environmental Education Programme: IEEP）」が開始された。IEEPの目的は、①情報へのアクセス、②研究と実験、③教育計画と教材開発、④個人の訓練、⑤技術・職業教育、⑥公衆への教育と情報開示、⑦高等教育、⑧特殊訓練、⑨国際・地域協力である。これらの目的のもと、IEEPは国際的・地域的な会議やワークショップを数多く開催した。IEEPの活動を通して、1977年の「環境教育政府間会議（トビリシ会議）」や

1987年の「環境教育および訓練に関するUNESCO-UNEP会議（モスクワ会議）」等が開催されただけでなく、環境教育のためのプログラム開発や環境教育の概念に関する議論、さらには多くの勧告や戦略が提案された。

　IEEPは、多くの国でさまざまなプロジェクトを支援し、地球規模での環境教育の認識を広めるのに多大な貢献をした。第1段階（1975～1977年）では、UNESCOが組織した「国際環境教育専門家会議（ベオグラード会議）」が1975年にベオグラードで開催された。その後の政策の一環として、1976年から1977年にかけて、環境教育地域会議がアフリカ、アラブ諸国、アジア、ヨーロッパ、ラテンアメリカ、北アメリカで開かれた。こうした会議には各地域の代表者が集まり、さらに特定の地域に対してはベオグラード憲章の評価が行われた。その後、世界における政府間の調整会議として、「環境教育政府間会議（トビリシ会議）」が、1977年に旧グルジア共和国のトビリシで開催された。

　IEEPの第2段階（1978-1980）では、環境教育の概念的・方法論的な進展が主に扱われた。1980年には、IUCN、UNEP、WWFによる「世界保全戦略（World Conservation Strategy）」が発表された。この報告書で初めて「持続可能性」という概念が論じられたとされる。環境保全を達成する重要な手段として「開発」の概念を導入し、環境の保全と開発の両者は相互依存の関係にあるという理由から、「持続可能な開発（Sustainable Development）」という概念が取り入れられている。

　IEEPの第3段階（1981-1985）で強調されたのは、環境教育の実践と訓練に関する内容と手法の構築、教材の開発であった。この時期は、増加してきたIEEP参加国が自国の環境プログラムを改善し、実施することで環境問題に適切に対処し、教育計画や教育改革へ環境教育を正式に導入する必要性を認識した時期であった。

　IEEPは1995年に終わりを迎えた。IEEPの終焉に伴い、1970年代や80年代にUNESCO、UNEPが開催してきた大規模な国際会議にかわり、1997年にギリシャ・テサロニキで開催されたような、地域・準地域会議や国際ワークショップなどが各地で開催されるようになり、会議の規模とアプローチに変化

が見られるようになった。IEEPの活動は、環境教育の重要性に対する認識を高め、環境教育概念や方法論の議論を促し、振興策を提示してきた点において大きな役割を果たしたといえよう。

(3) ベオグラード会議とトビリシ会議

　1975年には、旧ユーゴスラビアのベオグラードで国際環境教育専門家会議（ベオグラード会議）が開かれた。また、その2年後の1977年には、旧グルジア共和国の首都トビリシで環境教育に関する世界初の政府間会合である「環境教育政府間会議（トビリシ会議）」が開かれている。

　ベオグラード会議は、トビリシ会議の準備会合と言う位置づけで開催され、ベオグラード憲章を取り決めた。この憲章の特筆すべき点は、環境問題に向けて、私たち一人ひとりが意識を改革し、行動を喚起する必要性を明らかにしたうえで、行動に至るまでの各段階を系統立てて整理した点である。この憲章は、環境教育を進める上での道しるべとして広く認められ、その後のトビリシ宣言の中にも大きく反映されている。

　UNESCOとUNEPが共催したトビリシ会議では、環境教育の基本目標を、「個人及び地域社会において、その環境の生物的、物理的、社会的、経済的、文化的な側面の相互作用による自然および人工環境の複雑な特性を理解し、知識、価値観、態度、実践的技能を獲得するようにすること。その結果、信頼性が高く効果的な方法を利用して環境問題を予測し解決する取組みや、環境の質的管理に参加できるようになること」とした。また、環境教育を通して達成すべき目標を以下の3項目にまとめている。

① 都市と地方との間には経済的、社会的、政治的及び生態学的な相互依存関係があることについて、明確な自覚と関心を養うこと
② 全ての個人に対し、自然を保護し改善するために必要な知識、価値観、態度、技能などを習得する機会を提供すること
③ 環境に対する新たな行動パターンを、個人にも、団体にも、社会全体にも作り出すこと

　さらに、トビリシ宣言では、この3つの目標を目指して環境教育を実施す

る際に、5つの目標段階を設定した。また、12項目からなる「環境教育に含まれるべき基本原則」をまとめている。トビリシ宣言により、持続可能な社会の実現に向けて必要な環境教育の基盤が整備されたと言えよう。

(4) 「われら共有の未来 (Our Common Future)」における持続可能な開発概念の提唱

ストックホルム会議の10年後の会議として1982年に開かれた国連特別会合（ナイロビ会議）で設立された「環境と開発に関する世界委員会（WCED：通称ブルントランド委員会」は、1987年に「我ら共有の未来 (Our Common Future)」を発表した。この報告書は、持続可能な開発の必要性を世界的に広めた文書として広く知られており、環境問題及び持続可能な開発の重要性への認識を高める大規模で長期的な運動の必要性を訴え、「適切に情報を得た公衆は、態度が変容し、環境への責任感を認識し、必要な行動や決断をする」との認識のもと、持続可能な開発のための情報提供と普及・啓発の必要性を強調した。

1991年には、「新・世界環境保全戦略（Caring for the Earth)」が発表された。この文書は、「世界保全戦略」の後継で、政策決定者や意志決定者を対象とし、持続可能な開発の達成に向けて環境教育の重要性を強調している。

(5) 国連環境開発会議（地球サミット／リオサミット）

地球環境の悪化を懸念する世界の首脳が集まり、1992年6月にブラジルのリオデジャネイロで「国連環境開発会議」が開催された。この会議は、1972年6月の国連人間環境会議後20周年を機に開かれた、世界の首脳レベルでの国際会議であり、地球サミットまたはリオサミットと呼ばれることもある。この会議には100余国からの元首または首相を含め、約180ヶ国が参加した。また、NGOや企業、自治体からも多数が参加し多様な催しも開催された。人類共通の課題である地球環境の保全と持続可能な開発の実現のための具体的な方策が話し合われ、持続可能な開発に向けた地球規模での新たなパートナーシップの構築に向けた「環境と開発に関するリオデジャネイロ宣言（リオ宣

言)」やこの宣言の諸原則を実施するための「アジェンダ21」そして「森林原則声明」が合意された。また、別途協議が続けられていた「気候変動枠組み条約」と「生物多様性条約」への署名が開始された。

アジェンダ21は、持続可能な開発に必要な活動を包括的にまとめた"21世紀の地球環境保全の道しるべ"であり、第36章では、ESDのために1章を割いて、教育、啓発、訓練の重要性について記述している。具体的には、ESDとは、貧困撲滅、社会的公正、女性に対する差別、異文化理解等幅広いことがらを対象としており、環境教育より幅広い概念であり、また、持続可能な開発とは何かを研究する教育ではなく、持続可能な開発を実現するための実践力を身につけるための教育であると指摘し、以下の4つの主要な目標を有するものとしている。

① 質の高い基礎教育へのアクセス
② 持続可能な開発(SD)という観点を取り込むような既存の教育プログラムの再編成
③ 持続可能性に関する公衆の啓発と理解の向上
④ 民間企業や市民社会の全ての部門における研修・訓練プログラムへのSDの導入

アジェンダ21第36章の推進機関にはUNESCOが指名され、その実施に責任を有することになった。また、アジェンダ21を踏まえ、1996年に開かれた国連持続可能な開発委員会(Commission for Sustainable Development: CSD)で、「教育、公衆の啓発及びトレーニングに関する国際作業計画(International Work Programme on Education, Public Awareness and Training for Sustainability)」が採択された。

(6) 人間開発のための環境・人口教育と情報 (EPD)

UNESCOは、アジェンダ21第36章を踏まえ、「人間開発のための環境・人口教育と情報(Environment and Population Education and Information for Human Development: EPD)」を提唱・開始した。EPDは、包括的な原則を提示し、各国政府などが計画を策定し、政策を実施することを支援した。

また、貧困、公平、生活の質、地球規模での環境保護などに関する問題と関連した、経済・社会的な要素も含んでいる。

UNESCOによって提唱されたEPDは、1993年に開催されたUNESCO総会で正式に採用された。その際、EPDはUNESCOの最優先課題の一つとされ、地球サミットの勧告や1993年にイスタンブールで開催された「人口教育および開発に関する第1回国際会議（ICPED）」を考慮したものとなっている。EPDは、①基礎知識の吟味と行動枠組みの開発、②教育・訓練・情報プログラムや教材の新規開発・再構築、③主要なメディアの協力を得て、プロジェクト活動に賛同した国際・地域・国内レベルの意思決定者やオピニオンリーダーを支援するとの3原則に基づき、以下の点に重点を置いた。

① 平和、連帯、国際理解を促進する一方、生活や環境の質の改善において人間の尊厳の重要性について考慮する
② 人間の理性的活動と自然生態系保護との均衡を図る
③ 地球環境や人口変動に関連する地球的・地域的展望を持つ
④ 人的能力の開発、人々の参加や個人・組織間の協力を促進する
⑤ 教育の質や持続可能な人的開発に関する知識を広める方法を再構築し改善する

このように、地球サミットが開催された1992年以降、「持続可能な開発と教育」について世界中で多くの活動が行われた。特に、パリのUNESCO本部やニューヨークの「持続可能な開発委員会（CSD）」などでは、教育の役割に関するビジョンの構築に向けた努力がなされた。

（7） 環境と社会に関する国際会議（テサロニキ会議）と持続可能性のための教育（EFS）

1997年12月、ギリシアのテサロニキで、84カ国から1,200人の専門家が集まり、UNESCOとギリシア政府主催による「環境と社会に関する国際会議（テサロニキ会議）」が開催された。持続可能性を実現するには教育と公衆の啓発が極めて重要であることを強調し、これに向けて環境教育が担うべき役割を考え、またCSDのプログラムを前進させ、国際・国家・地域レベルの行動

を結集することを目的とした。会議では、CSDの優先事項を反映した「Issue Forum」と革新的な実践の紹介を受けた「Innovative Practices Forum」の2つのフォーラムや、ワークショップ、ポスターセッションなどが同時進行した。「持続可能な開発と教育」に関連する一連の大規模な国際会議をうけ、「持続可能な生活における教育」、「持続可能な開発のための教育」、「持続可能な未来における教育」といった言葉の使用についても討議され、教育が、態度やライフスタイルを変化させる手段であり、人々に知識やスキルを広め、持続可能性に向けて変革するための備えを与えるものと定義し、「持続可能性のための教育 (Education for Sustainability: EFS)」の概念が提唱された。

　この会議では、総称してテサロニキ宣言と呼ばれる一連の宣言が採択された。テサロニキ宣言は、全29章で構成され、1975年のベオグラード会議にはじまる環境教育に関する一連の国際会議での勧告や行動計画について明記し、リオサミット以降の主要な国連会議で議論され、高められてきた教育と啓発にかかわる価値や行動計画を踏まえ、教育全体を持続可能性に向けて再構築していくための諸原則を掲げた。テサロニキ会議の宣言10では、「持続可能性という考え方には、環境だけでなく貧困、人口、健康、食品の安全、民主主義、人権、平和といった概念も含まれる。持続可能性とは、最終的には道徳的・倫理的規範であり、文化的多様性や伝統的知識を尊重する必要があることを示すものである。」と宣言し、また、宣言11では、「環境教育は、トビリシ環境教育政府間会議の勧告の枠内で発展し、進化し、アジェンダ21や主要な国連会議で議論されるグローバルな問題の中で幅広く取り上げられてきたが、同時に、持続可能性のための教育として扱われ続けてきた。」とし、環境教育を「環境と持続可能性のための教育 (Education for Environment and Sustainability)」と表現しても良いとしている。

　テサロニキ会議の後、大きく変化したことのひとつは、政府間組織、政府機関、NGOが多くの地域会議を開催するようになり、国、地域、準地域 (sub-region) レベルでの教育実践を展開するための教育実践プログラムを策定している点である。

　なお、立教大学阿部治によれば、テサロニキ会議に数多くの参加者がある

中、アジア太平洋地域からの参加者は10人以下であった。これは、当時のアジア太平洋地域における環境教育への関心の低さを象徴しているのではないかと指摘している。

（8） 持続可能な開発のための世界首脳会議（ヨハネスブルグサミット）

持続可能な開発のための世界首脳会議、通称ヨハネスブルグサミットは、2002年8月26日から9月4日にかけて南アフリカのヨハネスブルグで開催された。この会議には、191の政府並びに国際機関、非政府組織、民間部門、市民社会、学界等から21,000人余が公式に登録し、参加した。このほか、公式に登録していない者を含めると5万人以上が参加したとも言われており、21世紀初頭を飾るにふさわしい大規模な会議であった。公式の行事として7つの主要テーマに関するパートナーシップ会合、NGO、国際機関等によるステートメント、首脳そして他の政府高官による演説、「ことを起こせ（Make It Happen）」とのテーマに関する4つのハイレベルのラウンドテーブル、マルチステークホルダーイベントが開催された。また、多くの国、国際機関やNGOがサイドイベントを開いた。我が国も、政府、国会議員、自治体、関係諸団体、NGO等が共同でジャパン・パビリオンを設置し、ジャパン・デーを実施する等により、各種の展示に加え、我が国の公害克服経験、アフリカ支援、水や森林問題への取組等について国際社会にアピールした。会議の主要な成果として、「持続可能な開発に関するヨハネスブルグ宣言（The Johannesburg Declaration on Sustainable Development）」及び「実施計画（Plan of Implementation）」という2つの主要な文書が採択された。また、約300の政府や国際機関、NGO等によるコミットメントをとりまとめたタイプ

図1-1　ヨハネスブルグサミットにおける「持続可能な開発のための教育の10年」の提案

2パートナーシップ・イニシアチブに関する文書もとりまとめられた。

　ヨハネスブルグサミットでは、持続可能な開発の実現のためには教育・人づくりがきわめて重要であることを踏まえ、持続可能な開発のための教育（education for sustainable development: ESD）を世界的に推進するための「国連持続可能な開発のための教育の10年（UN Decade of Education for Sustainable Development: DESD)」が日本政府と日本のNGOによって共同提案され、国連によるDESD採択に向けた提案として、ヨハネスブルグ実施計画の中に明記された。

2. 欧州を中心とする世界の高等教育機関の動向

　このような環境政策、環境教育分野における進展と並行して、欧州を中心に教育界においてもESD推進の動きが進められた。国連大学前学長であるハンス・ファン・ヒンケルによれば、1980年代後半の西欧に対する東欧の門戸開放に伴い、多くの西欧の研究者が東欧を訪問し、その公害・環境問題の深刻さを目撃したことにより、欧州を中心とする高等教育機関が、持続可能な開発に向けて様々な活動を行うようになった。

(1) 持続可能な開発のための教育に向けた一連の宣言

　1990年10月に、フランスのタロワールでタロワール宣言（Talloires Declaration）が世界の20大学の学長により採択された。この宣言は、これまでに例のない深刻な環境汚染や自然資源、生物多様性等の減少を憂慮し、これらの課題に対処し、現在の傾向を逆転させるための緊急の行動が必要であると訴えている。翌1991年12月には、カナダのハリファクスで国際大学協会（IAU）、国連大学、カナダ大学連合代表が集まり、ハリファクス宣言（Halifax Declaration）を行った。この宣言は、広範な地球環境の劣化とその背景としての貧困問題、現在の人々による持続可能でない行動への憂慮を示し、翌年のリオサミットに対し、それらの傾向を逆転させるための合意がなされることを期待した。

リオサミットでのアジェンダ21第36章を受け、1993年8月には英国スワンシアにおける大英連邦大学連合（Association of Commonwealth Universities: ACU）の会議において、47カ国からの400以上の大学が、人と環境との均衡の維持という問題を討議し、大学のリーダーが、研究者が、学生が、我々が直面しているチャレンジに対してできることを取りまとめたスワンシア宣言（Swansea Declaration）を採択した。1993年11月には、国際大学協会（IAU）の第8回ラウンドテーブルにおいて京都宣言（Kyoto Declaration）が採択され、IAU参加650大学に対して持続可能な開発の促進に向けた教育、研究等の行動が呼びかけられた。欧州大学連合（Association of European Universities）により環境分野の大学間協力プログラムとして設立されたコペルニクス・キャンパスは、1993年秋にバルセロナで開かれた欧州学長会議（Conference of European Rectors: CRE）で「持続可能な開発に関する大学憲章（Copernicus Charter for Sustainable Development）」案を発表し、翌1994年5月に採択した。この憲章には、2年間で欧州の200以上の大学が署名した。

（2） 高等教育世界会議（World Conference on Higher Education: WCHE）

1998年10月にパリUNESCO本部で開催された高等教育世界会議（WCHE）では、大学を取り巻く様々な重要課題の一つとして持続可能な開発が取り上げられ、包括的な討議を行うセッションが設けられた。この会議の成果文書である「21世紀のビジョンと行動に関する高等教育世界宣言（World Declaration on Higher Education for the Twenty-First Century: Vision and Action）」は、21世紀に向けた大学の挑戦と経済社会開発に向けて大学が果たすべき役割について取りまとめた包括的な宣言であるが、リオサミットに言及し、持続可能な開発に向けて大学が果たすべき役割を強調している。

(3) 持続可能性のための世界高等教育パートナーシップ（Global Higher Education for Sustainability Partnership: GHESP）の結成

2002年のヨハネスブルグサミットに向けて、UNESCO及び世界の主要な高等教育機関ネットワークである国際大学協会（IAU）、コペルニクス・キャンパス及び持続可能な未来のための大学リーダー（University Leaders for Sustainable Future: ULSF）は、持続可能な開発の推進に向けた高等教育機関の役割を強化するため、持続可能性のための世界高等教育パートナーシップ（GHESP）を結成し、2001年10月にはドイツのリューネブルグ大学で「持続可能性に関する高等教育会議」を開催して「リューネブルグ宣言」を採択した。

(4) ウブントゥ宣言とウブントゥ同盟

リオサミット以降の10年間、UNESCOが中心になってESDを推進したものの、その成果は必ずしもはかばかしいものではなかったとヨハネスブルグサミットに際し評価・反省が行われた。その理由として、①国連、政府による旗振りだけでなく広く現場の人々に浸透することが必要、②最新の科学による教育への支援が重要との指摘がなされた。このような評価・反省を踏まえ、国連大学、UNESCOをはじめとする世界の11の高等教育機関（ウブントゥ同盟：Ubuntu Alliance）がヨハネスブルグサミットに際しウブントゥ村で会合し、持続可能な開発の推進に向けた科学者・研究者と教育者との連携の強化、最新の科学技術のESDへの統合、公的・非公的教育間の協力の強化を図る旨のウブントゥ宣言（Ubuntu Declaration）を採択し、連携・協力して以下の活動を行うこととした。

- ・持続可能な開発の推進に向けた教育プログラム及びカリキュラムの見直し
- ・初等教育を世界にあまねく普及させ、また、初等、中等及び高等教育の強化を図るための人材の確保
- ・持続可能な開発に関する最新の知見を継続的に教師に伝えるためのメカニズム開発

・知識のギャップをより効率的に埋めるための知識の移転の促進
・上記の目的を達成するための世界的な学習の場（global learning space）の確保

表 1-1　ウブントゥ同盟（署名時には 11 機関）

国連大学（UNU）
国連教育科学文化機関（UNESCO）
国際大学協会（IAU）
第三世界科学アカデミー（TWAS）
アフリカ科学アカデミー（AAS）
アジア学術会議（SCA）
国際科学会議（ICSU）
世界工学機関連盟（WFEO）
コペルニクス・キャンパス（Copernicus-Campus）
持続可能性のための世界高等教育パートナーシップ（GHESP）
持続可能な未来のための大学リーダー（ULSF）

3. 国連持続可能な開発のための教育の 10 年（DESD）国際実施計画の策定

（1）　DESD 国際実施計画（International Implementation Scheme: IIS）の策定経緯

ヨハネスブルク実施計画において「国連持続可能な開発のための教育の 10 年（DESD）」が提案されたことを踏まえ、2002 年 12 月の第 57 回国連総会において、DESD に関する決議がなされた。この国連決議においては、以下のような内容が決定されている。

・DESD を 2005 年から 2014 年までの 10 年間とする。
・UNESCO をリードエージェンシーとする。
・UNESCO に対し、国家教育戦略等に盛り込む具体的行動の指針となる国際実施計画案を作成するよう要請する。
・各国政府に対し、UNESCO が作成する国際実施計画案に基づき ESD を

各国の教育戦略、及び全ての適切なレベルにおける行動計画に統合するよう求める。

この国連決議に基づき、UNESCO は国連大学等の関連機関と協議しつつ、2003 年 7 月に DESD 国際実施計画フレームワーク案を発表し、幅広く関係者の意見を求めた。このフレームワーク案は、国連及び他の協力機関との協議を通じて、DESD のための国際実施計画案が策定されるための土台としての枠組を提供することを目的とし、序章「持続可能な開発のための教育の 10 年（DESD）（2005-2014）に関する国連決議」、第一部「持続可能な開発のための教育」、第二部「DESD に対するパートナーシップ・アプローチ」及び第三部「DESD の開始」により構成されていた。フレームワーク案では、DESD における実施目的、対象領域、主要テーマを明記するとともに、「万民のための教育（EFA）」、「国連識字の 10 年（UNLD）」、「ミレニアム開発目標（MDGs）」といった国際的教育イニシアティブとの連携の必要性や、パートナーシップ構築の重要性が指摘されている。フレームワーク案に関する議論では、高等教育機関が果たすべき役割についても多くの議論が行われ、国連大学、IAU が中心になって、ウブントゥ同盟から高等教育機関が果たすべき役割に関する記述がまとめられている。その記述は、初期の案文には含まれていたが、後述するように、ボリュームを圧縮された最終文書からは削除されている。

フレームワーク案に対しては、世界から 2000 件を超える意見が提出された。それらの意見を踏まえ、UNESCO 事務局長への助言委員会として 2004 年 7 月に設立されたハイレベル有識者会議の議を経て、国際実施計画案が作成され、国連機関等との協議が始められた。国際実施計画案は、第 59 回国連総会（2004 年 10 月、ニューヨーク）で報告されるとともに、関係機関等の意見を踏まえた修正が行われ、2005 年 1 月に改訂案が作成され、UNESCO 執行委員会（2005 年 4 月、パリ）に報告された。なお、国際実施計画案は、国連機関等の関係機関とは協議・調整されたが、幅広い意見聴取のプロセスは経なかった。

改訂案は、第一章「持続可能な開発のための教育（ESD）」、第二章「ステークホルダーと戦略」、第三章「実施および評価」、第四章「10 年をプログラム

する」と附録により構成され、ESD の価値観の醸成、ESD が有する特徴・視点（社会的、環境的、経済的及び文化的側面）、世界的な学習の場（global learning space）について言及されている。また、各ステークホルダーの役割、推進に向けた戦略などが記載され、10年間をプログラム化していく際の考慮事項等が記載された詳細かつユニークな内容となっていた。

2005年4月の UNESCO 執行委員会では、改訂案の大筋は了承されたものの、文書のボリュームを大幅に圧縮するようにとの指示が出され、およそ半分に圧縮した国際実施計画最終案が、2005年9月の第172回 UNESCO 執行委員会において採択され、その後国連総会への報告・承認を経て2005年11月に公表された。UNESCO 担当者によれば、2005年4月の UNESCO 執行委員会では改訂案の内容について特段の異論はなかったため、改訂案に書かれた内容は実質的に生きているとの解釈であった。

(2) DESD 国際実施計画 (IIS) の概要

DESD 国際実施計画は、第一章「国際実施計画の目的」、第二章「国連持続可能な開発のための教育の10年」、第三章「DESD における責任－パートナーシップと連携（alliance）によるアプローチ」、第四章「鍵となる道標べ（milestones）」、第五章「DESD の実施」の5部構成で、さらに附属文書「持続可能な開発のための教育の背景」が添付されている。

国際実施計画は、DESD に対する共通の主体者意識を醸成することを主たる狙いとしており、DESD の成功に向けて自発性を促し、多様な取組みを推進するための道筋を示す文書として位置づけられ、全体を貫く目標は、「持続可能な開発の原則、価値観、実践を、教育と学習のあらゆる側面に組み込むことである」としている。第一章「国際実施計画の目的」では、国際実施計画に至る策定プロセスが述べられるとともに、今後の DESD 推進のためには各ステークホルダー間のパートナーシップと主体者意識（オーナーシップ）の醸成が不可欠であると強調している。第二章「国連持続可能な開発のための教育の10年」では、DESD の目標とともに、基本的ビジョン、目的が書かれている。さらに、「積極的な社会の変遷（Positive Societal Transformation）」の実現

を強調している。第三章「DESD における責任 – パートナーシップと連携によるアプローチ」では、実施主体としての様々なステークホルダーの役割に加え、DESD のリードエージェンシーとしての UNESCO の果たすべき役割についても言及している。第四章「鍵となる道標べ」においては、加盟各国間で共通する道標べを挙げている。第五章「DESD の実施」においては、DESD の実施に向けた7つの戦略を提示しており、その戦略を実施するためのインフラの構築と資源投入について詳細に記述している。附属文書「持続可能な開発のための教育の背景」では、ESD 概念の由来に関する説明等を記載している。国際実施計画は、改訂案と比べて「持続可能性に関する諸問題」についての記述は大幅に削除されている。この大幅削除によって、DESD において配慮すべき諸問題についての具体性を欠いたものになったことは否めない。

DESD の目標（overall goal）：持続可能な開発の原則、価値観、実践を教育と学習のあらゆる側面に組み込むこと
DESD の基本的ビジョン（basic vision）：全ての人が教育により恩恵を受ける機会があり、持続可能な未来の構築と現実的な社会の変革のために必要な価値観や行動、ライフスタイルを学習する機会がある世界であること
DESD の目的（objectives）：
　① ESD のステークホルダー間のネットワーク、連携、交流、相互作用を促進する
　② ESD における教育と学習の質の改善を促進する
　③ ESD の取組みを通して「ミレニアム開発目標（MDGs）」に向けて前進し、MDGs を達成できるよう各国を支援する
　④ 教育改革の取組みに ESD を組み込むための新たな機会を各国に提供する
4つの主な活動（tasks）：
　① 質の高い基礎教育へのアクセスの向上
　② ESD の観点からの既存の教育プログラムの再編成
　③ 持続可能性に関する公衆の啓発と理解の向上

④　訓練の提供

7つの戦略（strategies）：
①　ビジョン構築と提言活動
②　協議と主体者意識
③　パートナーシップとネットワーク
④　能力開発と訓練
⑤　調査研究とイノベーション
⑥　情報通信技術（ICT）の活用
⑦　モニタリングと評価

4. 国連持続可能な開発のための教育の10年（DESD）の実施の進展

（1）　国連持続可能な開発のための教育の10年（DESD）の開始式典

　2005年1月から始まったDESDの最初の開始式典として、同年1月に、インドのグジャラート州アーメダバードの環境教育センター（CEE）において、CEE主催による「持続可能な未来のための教育会議」が開催され、50以上の国から800人を超える関係者が参加した。3日間の会議では、5つの全体会と20の分科会が開かれた。会議では、DESDで最も重視されるのは、持続可能なライフスタイルおよび政策へと人々を動かす、行動教育であるとし、アーメダバード宣言を採択した。アーメダバード宣言は、DESDの開始を祝福するとともに、持続可能な開発への鍵は、公平と社会的公正の原則に従った万人のエンパワーメント（能力強化）であり、このようなエンパワーメントへの鍵は行動指向型の教育であると強調するとともに、マハトマ・ガンジーの生誕の地にふさわしく、持続可能なコミュニティのモデルを設計し、それを実現していくためには、まず自らのライフスタイルと願望を省みることから始めなければならないと指摘している。

　同年3月には、ニューヨークの国連本部で、国連事務総長夫人、松浦

UNESCO事務局長等の出席を得て国連としてのDESDの公式開始式典が開かれたが、アーメダバード会議と比べてひっそりした感は否めなかったようである。

アジア太平洋地域では、同年6月28日に、UNESCOアジア太平洋事務所と日本政府、国連大学が主催して、名古屋大学でアジア太平洋地域開始式典が行われた。開始式典に続き、国連大学、UNESCOによる「グローバリゼーションと持続可能な開発のための教育」国際会議が28〜29日にかけて開かれた。28日には、開始式典後にパブリックシンポジウムが開催され、内外の関係者等を含め約700名の参加者が得られた。29日には、内外の専門家約100名によるワークショップが開催され、全体会合の後、3つの分科会にて議論し、夕刻には全体会合で分科会の結果の報告が行われた。分科会の報告の後、国連大学学長により、「持続可能な開発のための教育に関する地域の拠点(Regional Centres of Expertise: RCE)」づくりの開始が宣言され、以下の7つの地域について国連大学により地域の拠点としての認定がなされた。

・スペイン　バルセロナ地域
・日本　仙台広域圏
・日本　岡山地域
・太平洋諸島地域（南太平洋大学）
・オランダ　ライン・ムース＋地域
・カナダ　トロント地域

 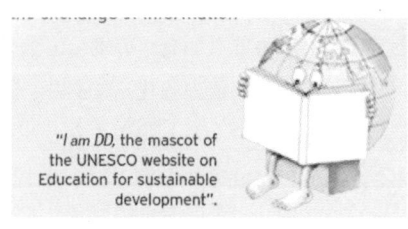

図1-2　持続可能な開発のための教育の10年ロゴ(左)とマスコット(右)

・マレイシア　ペナン地域

(2) 第4回環境教育国際会議（トビリシ＋30）とアーメダバード宣言

　2007年11月24〜28日にかけてアーメダバードで第4回環境教育国際会議が開催された。30年前、グルジア共和国のトビリシで開催されて以来、モスクワ（1987年）、ギリシャのテサロニキ（1997年）と10年ごとに開催されてきた、環境教育国際会議（ICEE）の第4回目である本会議のメインテーマはESDで、DESDの主導国連機関であるUNESCOを始め、世界各国のESDの研究者、政府関係者、NGOの活動家など、78カ国からおよそ1200人が参加した。

　開会式では、気候変動に関する政府開会合（IPCC）議長のパチャウリ博士による講演が行われ、現実的な社会変革に向けた環境行動を若者とともに実践していく必要性が強調された。講演の最後には、ガンジーの言葉「be the change you want to see in the world（まず自身がこの世で目指す変革となれ）」を引用し、ビジョン構築と行動の重要性が強調された。その後、学校教育、教師教育、高等教育、若者、非公的教育、自然資源保全、持続可能な消費等30のセッションで議論が展開され、最終日には、各セッションで作成された提案文書をもとに「アーメダバード宣言」が採択された。アーメダバード宣言は、「私たちの活動や生活様式が、地球上の生きとし生けるものの福祉に貢献する世界になること」をビジョンとして示している。現在の持続可能でない課題の多くの解決に向けた社会変革が重要であると強調し、この変革の根幹をなすのが教育であること、環境教育はESDを支援し、擁護していくという環境教育の位置づけも明記された。ESDの役割については、（知識）伝達のメカニズムとしての教育から、生涯にわたる、ホリスティックで包括的なプロセスとしての教育へと視点をシフトさせていくことを促していくものであるとしている。

(3) DESD 中間年会合とボン宣言

　2009 年 3 月 31 日～4 月 2 日にかけて、ドイツ・ボンにおいて「持続可能な開発のための教育（ESD）世界会議（DESD 中間年会合）」が、UNESCO 及びドイツ教育省の共催、ドイツ・ユネスコ国内委員会の協賛により開催された。DESD の中間年に当たる年において、DESD のこれまでの取り組み、後半 5 年間の国際社会としての行動のあり方等に関する意見交換を目的としたこの会議には、世界 147 か国・地域から 47 人の大臣級をはじめとする政府関係者、各国のユネスコ国内委員会及び関係国際機関関係者、教育関係者、学識者、市民社会の代表等約 900 名が参加した。

　本会議の目的は、①教育全般および質の高い教育に対する ESD の本質的な貢献に関する確認を行うこと、② ESD に関する国際交流を推進すること、③ DESD の実施状況に関する確認と検証を行うこと、④ DESD の今後の展開に向けた戦略を策定することであった。

　会議は、全体会合、大臣級のハイレベル・セグメント、ESD と関連する諸課題をテーマとする数多くのワークショップから構成された。ドイツ政府、UNESCO と UNESCO 地域事務所による現況報告がなされた後、33 のテーマに関するワークショップが開催された。各ワークショップにおける議論を通して得られた知見をまとめ、ボン宣言起草委員会に論点が報告された。起草プロセスには、各ワークショップの議論に基づく提案だけでなく、個人でも提案ができるようなプロセスが提示された。「ボン宣言」は、本会合終了時に発表された。「序」、「21 世紀における ESD」、「DESD の進捗」、「行動への呼びかけ」により構成されている。

　ボン宣言では、社会科学の重要性、生命地域（bio-region）に関する取り組みの強化、UNESCO の関連プログラムとの関連づけ、「一つの国連（One UN）」戦略としての位置づけ、気候変動施策との関連づけの強化などが強調されている。また、策定プロセスに関し、参加型の意志決定プロセスに大きな配慮がみられたことも特徴的である。全体として、現況認識や概念提示にとどまらず、より実践色の強い文書となっている。

　我が国主導により 2005 年から開始された DESD の中間年に、これまでの取

り組み、今後5年間の行動のあり方等に関し、我が国を含む多数の国から大臣級を含め広範なステークホルダーが参集し、意見交換を行ったことはESDの地球規模での更なる推進に向け、大きな意義があった。成果文書たる「ボン宣言」では、日本がDESDの締めくくり会合をUNESCOと共催で開催するとの意図が歓迎されており、今後、我が国がESDの更なる推進において、引き続き主導的な役割を果たしていくことについての国際社会の期待が再確認された。

日本ブース

全体会合

ボン宣言発表

図1-3　ＤＥＳＤ中間年ボン会合
写真提供：立教大学

5. 国連や各国におけるDESD
推進活動

(1) 国連におけるDESDの推進
1) ユネスコと国連機関会議

UNESCO は、DESD のリードエージェンシーとして、その推進に向けて様々な活動を行ってきた。主な活動には、以下の内容が含まれる。

・DESD 推進に向けた国連の関係機関間の調整

図1-4　ESDアジア太平洋地域戦略ワーキング・ペーパー

　　UNESCO は、2003 年に DESD 推進に向けた第1回国連機関会合を開催し、国連関係機関に対する協力を呼び掛けた。この時点では、EFA の達成に向けて苦慮している諸機関からは、なぜ EFA に加えて ESD を推進しなければならないのか、教育分野ではもっとフォーカスをあてた活動をすべきとの意見が相次いだが、その後の会合において、EFA と ESD とは教育の質と量を充実しようとするものであり、車の両輪に相当するとの認識が徐々に高まり、当初から ESD 推進に積極的であった国連大学に加え、UNICEFF、HABITAT 等も積極的に支援するようになり、DESD 推進に向けた国連機関会合が定期的に開かれるようになっている。

・UNESCO 内部組織におけるインターセクトラルな DESD 推進体制の整備
　　UNESCO 内部でも、ESD は教育セクターのみならず、科学セクター、文化セクター等全てのセクターに関係する。そのため、UNESCO 内部にインターセクトラルな会議を設け、例えば「人間と生物圏（MAB）計画」と ESD の連携等、DESD 推進に向けた連絡調整を進めている。

・世界のリージョンや国レベルでの DESD の推進の支援

DESD の推進に向けた各国の活動を支援するため、アジア、アフリカ等の地域を管轄する地域事務所や、中央アジア等のサブリージョンを統括するクラスター事務所を通じたネットワーキングや支援活動を進めている。アジアでは、UNESCO アジア太平洋地域事務所が「DESD 推進アジア太平洋地域戦略」ワーキング・ペーパーを取りまとめている。

　地域事務所は、各国のユネスコ国内委員会を主たる窓口としてネットワーキングや支援活動を進めたが、それぞれの国の事情により、必ずしもユネスコ国内委員会がESD推進の中核的組織ではない国もあったため、結果的に、国によって対応に大きな差が生じた。

　UNESCO は、2009 年に「持続可能な世界に向けた学び（Learning for a Sustainable World）」と題する DESD 中間年における評価報告を取りまとめている。その中で、国連の多くの機関がESD推進に関わっていること、調査した 97 カ国のうち 79 カ国では ESD に関する国内調整組織が設立されていること、しかしながら関係省庁間の調整は必ずしも十分といえないこと等、10 の見解をまとめるともに、DESD の後半5年に向けて 10 の行動を提言している。同年9月の第 35 回 UNESCO 総会では、ESD と EFA との一体的推進、世界的なユネスコスクール・ネットワークの強化等を内容とする決議が採択された。2010 年3月の第 184 回ユネスコ理事会では、2009 年3～4月のボンでの DESD 中間年会合、ボン宣言や前述の UNESCO 総会での決議等を踏まえ、中間年の進捗状況報告と後半5年間の戦略に関するペーパーが討議された。このペーパーでは、ESD の気候変動問題への貢献を重視するとともに、他の教育・開発関係のイニシアチブ（MDGs や EFA 等）との連携の重要性を強調している。また、後半の5年間には、以下の4つの戦略的行動に焦点をあてるべきと示唆している。

・国連機関間の連携等により様々な異なる教育・開発イニシアチブとの相乗効果を高めるとともに、ESD ステークホルダー間のパートナーシップを強化する。
・教師教育の改善、各国におけるモニタリング評価の仕組みの構築等により、ESD 推進に向けたキャパシティを強化する。

・ESD関連の調査研究の推進や高等教育機関の研究能力強化、クリアリング・ハウス等により、ESDに関連する知識の構築、共有と適用を進める。
・ESDの考え方を普及するとともに、「持続可能性（sustainability）」に関する人々の認識と理解を高める。

DESDの第1回目の世界的モニタリング・評価は、「持続可能な世界に向けた学び」により2009年に行われた。第2回目のモニタリング・評価は、2011年に「ESDに関連する学びとプロセス（learning and processes related to ESD）」について、第3回目は2014年に「DESDのインパクトと成果（impacts and outcomes of the DESD）」について行われる予定である。

DESDについては、2014年（または2015年）に日本で予定されるDESD最終年会合に向けて、一層の活動の強化とポストDESD戦略の検討を進める必要があるが、さらに、2009年12月の国連決議（A/RES/64/236）により、2012年にブラジルで「持続可能な開発に関する国連会議（リオ＋20）」開催が決定したことを踏まえれば、DESDに関しても。2012年が重要なマイルストーンになると考えられる。

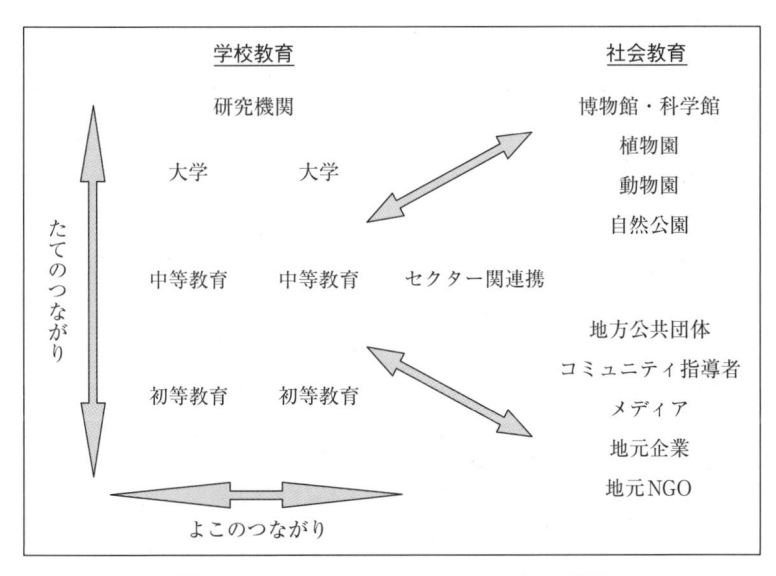

図1-5　RCEにおけるステークホルダーの関係

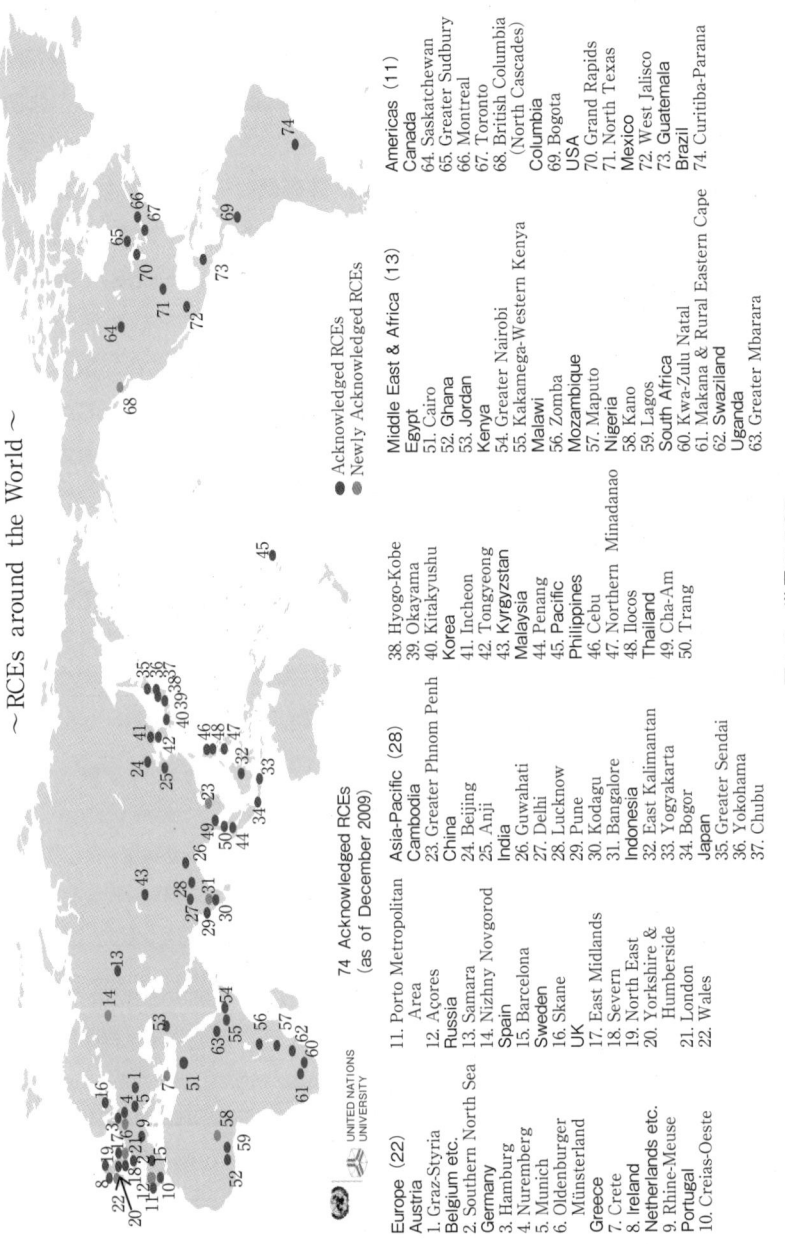

~ RCEs around the World ~

74 Acknowledged RCEs (as of December 2009)

Europe (22)
Austria
1. Graz-Styria
Belgium etc.
2. Southern North Sea
Germany
3. Hamburg
4. Nuremberg
5. Munich
6. Oldenburger Münsterland
Greece
7. Crete
Ireland
8. Ireland
Netherlands etc.
9. Rhine-Meuse
Portugal
10. Creias-Oeste
11. Porto Metropolitan Area
12. Açores
Russia
13. Samara
14. Nizhny Novgorod
Spain
15. Barcelona
Sweden
16. Skane
UK
17. East Midlands
18. Severn
19. North East
20. Yorkshire & Humberside
21. London
22. Wales

Asia-Pacific (28)
Cambodia
23. Greater Phnom Penh
China
24. Beijing
25. Anji
India
26. Guwahati
27. Delhi
28. Lucknow
29. Pune
30. Kodagu
31. Bangalore
Indonesia
32. East Kalimantan
33. Yogyakarta
34. Bogor
Japan
35. Greater Sendai
36. Yokohama
37. Chubu
38. Hyogo-Kobe
39. Okayama
40. Kitakyushu
Korea
41. Incheon
42. Tongyeong
43. Kyrgyzstan
Malaysia
44. Penang
45. Pacific
Philippines
46. Cebu
47. Northern Minadanao
48. Ilocos
Thailand
49. Cha-Am
50. Trang

Middle East & Africa (13)
Egypt
51. Cairo
52. Ghana
53. Jordan
Kenya
54. Greater Nairobi
55. Kakamega-Western Kenya
Malawi
56. Zomba
Mozambique
57. Maputo
Nigeria
58. Kano
59. Lagos
South Africa
60. Kwa-Zulu Natal
61. Makana & Rural Eastern Cape
62. Swaziland
Uganda
63. Greater Mbarara

Americas (11)
Canada
64. Saskatchewan
65. Greater Sudbury
66. Montreal
67. Toronto
68. British Columbia (North Cascades)
Columbia
69. Bogota
USA
70. Grand Rapids
71. North Texas
Mexico
72. West Jalisco
73. Guatemala
Brazil
74. Curitiba-Parana

● Acknowledged RCEs
● Newly Acknowledged RCEs

UNITED NATIONS UNIVERSITY

図1-6 世界のRCE
(平成21年12月現在)

2）国連大学のESDプログラム

　国連大学は、2002年12月の国連総会決議を踏まえ、「持続可能な開発のための教育プログラム（EfSDプログラム）」を国連大学高等研究所で2003年から開始した。EfSDプログラムは、UNESCOからの要請を踏まえた「国際実施計画」の策定と実施の支援を図りつつ、以下の5つの活動を進めることとした。

- ESD、DESDに関する普及啓発
- ESD推進のための地域の拠点（RCE）づくりとそのネットワークを通じた地域に根ざしたアプローチの推進
- 大学等高等教育機関におけるESD活動の強化
- ICTを活用したオンラインSD教育の推進
- 教師、トレーナーの訓練

　特に、地域の拠点づくり、高等教育機関のESD活動の強化を、「教育の10年」を通じた国連大学の中核的な活動と位置づけ、積極的に推進している。

　地域の拠点（RCE）は、地域レベルで持続可能な開発のための教育（ESD）に係わる様々な関係者が協力できる環境を整備し、異なる教育者間の（垂直的、水平的）結びつき、連携を促進するとともに、ESDの推進に貢献するような各セクターを結びつける機能を果たすことを目的とする。

　国連大学では、RCEの推進に向けて、RCE概念ペーパーを作成するとともに、RCEの概念やケーススタディを紹介する報告書、RCEのパンフレット、ポスター、広報用ビデオや既存のRCEに関するファクトシートを作成して、RCEの一層の推進に努めている。それらの情報は、国連大学高等研究所のホームページ（http://www.ias.unu.edu/efsd）からダウンロード可能である。2009年12月現在、RCEとして、世界の74地域が認定されている。

　国連大学の高等教育分野での活動にはProSPER.Net（Promotion of Sustainability in Postgraduate Education and Research）がある。これは、アジア太平洋を代表する高等教育機関のネットワークで、大学院の講座やカリキュラムに持続可能な開発（SD）を統合するために共同で取り組むことを約束したアジア太平洋地域の大学で構成されている。ProSPER.Net憲章のコンセプ

トを作成するための2度にわたる準備会合を経て、2008年7月にG8サミットに先駆けて行われた北海道大学の「サステナビリティ・ウィーク 2008-G8 サミットラウンドテーブル」の開催に合わせて、ProSPER.Net は、2008 年 6 月 21 日、札幌市で正式に発足した。メンバー大学数は当初の 11 大学から増加し、オーストラリア、中国、インド、インドネシア、日本、マレーシア、フィリピン、韓国、タイの大学に加え、東南アジアと太平洋地域の大学が参加し、以下の活動を行っている。

- SD に関する大学院教育と研究の経験を討議する毎年の会議の開催
- SD に関するサマースクールの開設
- 資源と知識の共有のための推進力を提供する大学教員の交流の枠組み構築
- SD に関する基礎的な共通課程・講座の開発
- 各メンバー機関が SD に関連するコースを作る際の協力
- SD をビジネス・経営学カリキュラムに組み込むためのビジネス・スクール連合の結成
- 共同研究活動のための機関の構築
- ビジネスや産業との連携の構築

（2） 各国における DESD の推進

　DESD は世界の広範な国において推進されているが、各地域ごとにそれぞれその実施体制には特徴がある。欧州では、国連欧州経済委員会（UNECE）により、2005 年 3 月に国連欧州経済委員会 ESD 戦略（UNECE Strategy for ESD）が採択され、UNECE が中心になって ESD を推進している。アジアでは、UNESCO アジア太平洋地域事務所が 2005 年 6 月に「DESD 推進アジア太平洋地域戦略」ワーキング・ペーパーを取りまとめ公表したほか、アセアンでは、「アセアン環境教育行動計画 2008-2012（ASEAN Environmental Education Action Plan 2008-2012）」を 2007 年 9 月に採択し、アセアンとして DESD の推進に取り組んでいる。他方、アフリカでは国連環境計画（UNEP）が中心になり、環境教育とリンクさせる形で ESD を推進している。

このように、地域によって、あるいは国によってESDへの取り組みは極めて多様であり、スウェーデンのように、高等教育法改正により、全ての大学でESDを教えることを大学に義務付けた国もあれば、中国のように「人間開発のための環境・人口教育と情報（EPD）」を踏まえて緑色学校等を推進している国もある。ここでは、2つの代表的な事例としてドイツとインドの事例を紹介する。

1）ドイツ

ドイツでは、2002年の国連決議を踏まえ、2004年7月にドイツ連邦議会で採択されたDESD決議に基づき、DESDの実施についてはドイツ・ユネスコ委員会が設置するDESDドイツ国内委員会（DUK）が調整役を担うことになった。DUKは、その役割を果たすにあたり、教育・研究省（BMBF）の支援と連邦大統領の後援を受ける。DUKは、ドイツにおけるDESD実施に責任を持つ運営・諮問委員会であり、連邦政府の関係省庁、議会、州の関係省庁、NGO、メディア、民間企業、科学者、学校の生徒代表等30の機関や専門家により構成される。BMBFの資金支援により設立されたボン事務局とベルリン事務局がDUKの活動を支えている。DUKの下に、DESD円卓会議と作業部会が設置されている。できるだけ多くの関係者の参加を得るため、円卓会議は約100名のメンバーにより構成され、年1回開催される。また、円卓会議が設置する作業部会が年間を通じて活動し、DESDの推進に貢献している。ドイツのDESDホームページによれば、生物多様性、消費、幼児教育、課外教育、高等教育、社会教育、職業教育、学校教育の8つの作業部会が設置されている。

DUKは、多くの円卓会議の意見を踏まえ、ドイツのDESD国内実施計画（案）を策定し、2005年1月にDESD国内開始式典で公表した。同計画は、全ての教育システムに持続可能な開発（SD）の概念を導入することを目標とし、以下に示す4つの戦略目標を設定している。

・ESDの概念整理を行い、広く優良事例を普及する。
・ESD関係者間の連携・協働を強化する。
・ESDが一般の人々に対して、もっと可視化されるようにする。

・ESD に関する国際協力を強化する。

　これらの戦略を推進するため、DESD プロジェクト、トランスファー 21 プロジェクト、ESD ポータルの構築などが進められている。DESD プロジェクト（Decade Project）は、ESD に関わる革新的な成功事例を DUK が認定するものであり、2 年間有効で、DESD のロゴを使うことが許される。地域の現場の関係者に対する ESD の知名度を高め、ESD が目指すものをより広く伝えていくこと（give visibility to local stakeholders）を目的とする。ドイツの DESD ホームページによれば、これまでに約 800 のプロジェクトと 9 都市が DESD プロジェクトとして認定されている。トランスファー 21 プロジェクトは、DESD 以前から開始されていたプロジェクトであり、2014 年までに 10%の小中学校で ESD を導入しようとするものである。プロジェクトの中核的推進機関はベルリン自由大学で、全国の学校と連携して初等中等教育のガイドラインを開発している。また、DUK は、世界中の ESD の WEB サイトのポータルサイトを立ち上げている。

2）インド

　インドでは、環境教育・ESD は古くから様々な形で実施されてきた。過剰な消費を戒め、西欧の轍を踏まないようにとのマハトマ・ガンジーの教えは、まさに ESD を体現したものと考えることができる。

　インドでは、ユネスコ国内委員会の下に DESD 推進国内委員会が設けられ、国内の DESD を推進している。関係する省庁は多岐にわたり、中央政府レベルでは教師教育に関する国家委員会（National Council for Teacher Education（NCTE））、大学支援委員会（University Grants Commission（UGC））、人間資源開発省（Ministry of Human Resource Development）、環境森林省（Ministry of Environment and Forests）等が、地方レベルでは地区教育訓練局（District Institutes of Education and Training（DIETs））、州教育研究訓練委員会（State Councils for Educational Research and Training（SCERTs））、などが関わっている。初等中等教育については NCTE が、高等教育については UGC が中核的な役割を果たしている。それらと多くの高等教育機関、NGO とのネットワークにより ESD 及び DESD の推進が図られてい

る。

　インドにおける ESD 推進の難しさは、その規模の巨大さにある。インドにおける学校は約 100 万校、生徒数は約 2 億人と言われている。インド政府環境森林省は、インドでも有数の NGO 組織である環境教育センター（Centre for Environment Education: CEE）等の協力を得て、学校の教科書のレビューを行い、全ての教科書への環境教育・ESD の統合を行ったとされる。しかしながら、教科書の改訂だけでは、100 万に及ぶ学校の教育カリキュラムの改編は困難であることから、今後順次、新任教師用の教育プログラムや既存の教師の再教育プログラムに ESD を組み込んでいく方針である。

　インドでは、最高裁判決により、全ての教育委員会は、あらゆるレベルの教育において、環境教育を公的教育に組み込むことが義務付けられている。UGC は、全ての大学のカリキュラムに環境教育が組み込まれるよう、レビューのための委員会を設立した。2005 年 1 月の DESD 開始式典開催時には、インドに約 300 ある高等教育機関のうち、60 弱の機関で環境教育・ESD カリキュラムが実施されていたが、今日までに全ての高等教育機関で何らかの形での環境教育・ESD が実施されるようになったと言われている。

　インドの ESD 推進に際して特徴的と言えるのは、NGO が極めて大きな役割を果たしていることである。2005 年 1 月にアーメダバードで開催された DESD 開始式典には世界各地から約 800 名の参加者が得られたが、その実質的な主催者は CEE であった。CEE はまた、2007 年にやはりアーメダバードで開かれた第 4 回環境教育国際会議でも中心的なホスト役を果たしている。このように、インドでは、様々な分野での ESD 活動において NGO が大きな役割を果たしている点に特徴がある。

参考文献

環境教育がわかる事典、日本生態系協会編著、2001 年 4 月、柏書房
トビリシから 30 年：アーメダバード会議の成果とこれからの環境教育、佐藤真久・阿部治・
　マイケルアッチア、環境情報科学 Vol37, No2, pp3-14、環境情報科学センター、
持続可能な開発のための教育（ESD）の国際的動向に関する調査研究（平成 21 年度横浜市業
　務委託調査）、平成 21 年 8 月、東京都市大学環境情報学部（研究代表者　佐藤真久）

2 高等教育における ESD 実践
―現代 GP の事例から―

1. 現代 GP について

　本書では、ESD について先進的な試みを行っている大学の実践を紹介しているが、いずれも現代 GP に採択された大学である。そこでここでは、予備知識として、GP 一般および現代 GP について述べておきたい。

　現在、日本の大学（短大を含める）進学率は 53.7％（2007 年学校基本調査）に達し、同世代の 2 人に 1 人は大学で学ぶというユニバーサル化の時代を迎えている。これだけの進学率で学生を受け入れながら、大学教育の質を保持しなければならず、さらに ESD、キャリア教育などの新しい大学教育への要請に応えていく必要がある。

　そのためには、各大学・学部・学科・教員が大学教育の意義について再考し、教育の質を保障する取り組みを行わなければならないという意識が大学人の間で高まりつつある。文部科学省は、このような動向を踏まえ、すぐれた大学教育の取り組みを支援し、同種の取り組みを当該大学以外にも広げていくという趣旨で、GP（グッド・プラクティス）という事業を開始した。

　文部科学省によれば、GP には 3 つの原則がある。

　第 1 に「国公私を通じた競争的環境」である。国公私といった大学設置者の枠組みにとらわれず、すぐれた教育実践を実践自体の卓越性を基準として採択するということである。

　第 2 に「第三者による公正な審査」である。官僚や特定の有力者に委ねられた選考ではなく、GP の各分野における専門家が、公表された審査基準に基

づいて審査し、さらには GP を申請した大学へ、採択または不採択の理由を通知するというしくみによって公正性を担保しようとしている。

　第3に「積極的な社会への情報提供」である。採択された取り組みについて他大学へ積極的な情報提供を行うことを採択された大学の責務としている。これには、採択された取り組みを大学共有の財産とするというねらいがある。

　GP は「特色ある大学教育支援プログラム（特色 GP）」（2003 ～ 2007 年）、「現代的教育ニーズ取り組み支援プログラム（現代 GP）」（2004 ～ 2007 年）、「質の高い大学教育推進プログラム」（2008 年）、「大学教育・学生支援推進事業」（2009 年）と名称が変遷し、公募の重点項目も変化してきているが、いずれにしろ、上記の3つの原則は共通している。

　これらの GP のうち現代 GP は、社会的要請の強い特定の分野を選定して支援するもので、現在、大学教育に期待されている重要課題への支援という性格が強い GP である。

　本書の他の部分でも述べているとおり、高等教育機関は、専門家養成、研究、地域支援など、ESD の鍵となる役割を果たすことを期待されており、高等教育における ESD の推進は、国際的にも重要な戦略的課題であるとみなされている。日本政府も、「わが国における『国連持続可能な開発のための教育の10年』実施計画」で高等教育機関における取り組みを「重点的取り組み事項」としている。

　現代 GP の 2006 年、2007 年の課題に、「持続可能な社会につながる環境教育の推進」が取り上げられたのには、このような時代的背景の存在がある。

　「持続可能な社会につながる環境教育の推進」課題には、全国の大学・短期大学・高等専門学校から 157 件の申請が行われ、30 件が採択された。この 30 件はいわば選りすぐりの実践である。いずれの実践も、厳しい選考を経た質の高い実践であるが、当然のことながら各大学の個性を反映し、カリキュラムの内容をはじめ、管理運営体制、地域との関わり等において、実にさまざまな実践が見られる。

　この多様性が ESD の大きな特徴でもあることから、本書ではできるだけ多様な実践を紹介するべく、岩手大学、昭和女子大学、神戸大学、愛媛大学とい

うそれぞれ特色のある4つの大学のESD担当者に寄稿していただいた。

2. 学際的・総合的な学士課程教育としてのESD

(1) はじめに

　神戸大学は、平成19年度より「現代的教育ニーズ取り組み支援プログラム（現代GP）」[1]として、「アクション・リサーチ型ESDの開発と推進」と題する取り組みを実施した。発達科学部、経済学部、文学部の3学部協働による「学部横断教育プログラム」として「ESDコース」を設置し、「ESDプラクティショナー」の育成を試みてきた。以下、その目標、内容、方法等について述べ、神戸大学におけるESD推進の取り組みを紹介し、それが現在どのような夢を育みつつあるのかを語ることとする。

(2) 神戸大学におけるESDの目的と特徴

　ESD (Education for Sustainable Development)[2]は、その発祥の経緯から、環境教育に傾斜した内容で実施されることが多い。しかし、神戸大学では、「環境教育」の拡張・超越を目指し、汎領域的な視点でESDの推進を図ってきた。環境を1つの基軸としつつも、現代GPを企画する段階で重視されたのは、ESDに不可欠な開発・人権・貧困・平和・福祉などの複数のアプローチである。発達科学部、経済学部、文学部の3学部で協働してカリキュラムを作成し、「ESDコース」という学部横断コースを設置したのは、ESDの本質に応えようとしたためである。

　ESDコースの内容は後に詳述するが、2011年度からは上記3学部に農学部が加わり、4学部横断コースとなる予定である。農学部が参入することにより、「社会」「産業」「自然」が融合・総合化し、ESDカリキュラムの理想に一歩近づくことができると期待している。

　ESDコースの特徴は、大きく3つある。1つには、先にも述べたように、「持続可能な社会の形成」に重きをおいて、開発・人権・貧困・平和・福祉あ

第2章　高等教育におけるESD実践―現代GPの事例から―　35

るいは社会正義・倫理・健康などのアプローチを大切にしているということである。「自然・地球環境の保全」をアプローチとするESDと、その点で違いがある。もう1つは、アクション・リサーチ（Action Research：以下、「AR」と略）[3] を通して学生教育を充実させようとする点である。ここでいうARは、ESDの支援・推進方法を探るための実践的研究と、持続可能性自体を探るための実践的研究という2つの相を持つ。学生は、ARの企画またはそれへの参加を通して、持続不可能な社会や仕組みの問題性あるいは解決の方向性を、活動を通して探究するとともに、ESD自体を広げていくための方法を実践的に身につけていくことになる。3つ目の特徴は、「ツール・ド・ESD」方式である。これは、学生が用意された複数のARの現場（フィールド）を「渡り歩

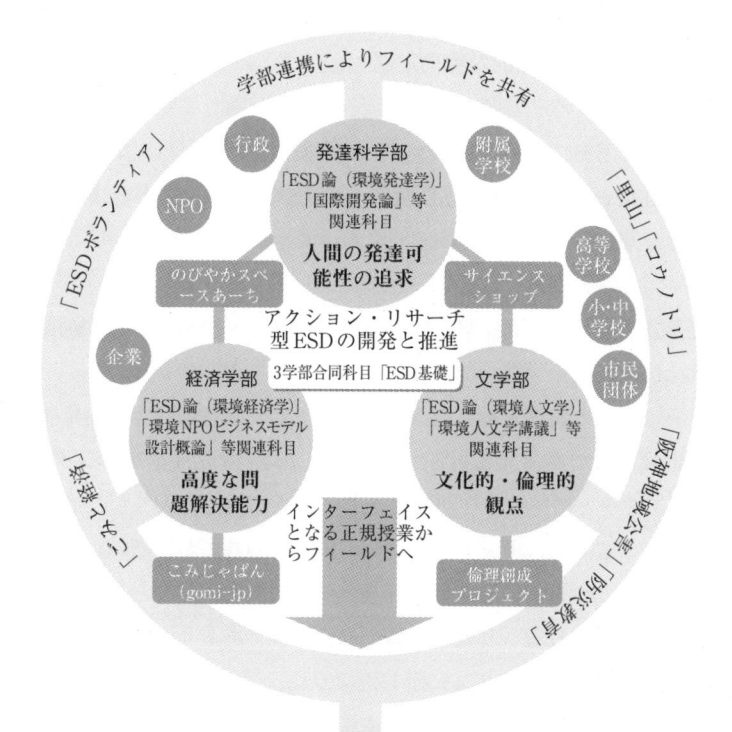

図2-1　ESDコース推進の枠組み

く」ことを通して、現実を、単純化して考えるのではなく、互いに矛盾したベクトルを持つ多様かつ輻輳的なものとして把握するようになることをねらいとしている。ARによって特定の領域へのコミットを深め、ツール・ド・ESDによって領域間を横刺しにして現実の問題を把持するということが企図されている。

「ESDコース」は、こうした特徴的な仕組みの中で、個別の専門知に偏らない複眼的な視点、実際の問題を解決する上で求められる組織・集団の調整能力、および問題を解決する意志とスキルを持った人材を養成しようとするのである。そして、コースを修了した学生には、学士号とは別に、「ESDプラクティショナー」としての認証が与えられる（2009年度末までに6名の修了者に認定書を授与した）。

もちろん、ESDは国際的な専門用語であって、特定の大学による独自の認証システムが乱立することは理想とはいいがたい。あくまでも、いまだ社会的に認知度の低いESDを巷間に広め、ESDを推進するキーパーソンの社会的地位を高める作用および学生のESD実践へのモチベーションが高まる作用が生まれることを期待してのことである。

（3） ESDコースの推進基盤としてのヒューマン・コミュニティ創成研究センター

このような目的と特徴を持ったコースを設置した背景には、人間発達環境学研究科の附属施設である「ヒューマン・コミュニティ創成研究センター」（以下、HCセンターと略）の存在がある。若干、話が横道に入るが、後の議論を助けるため、ここでHCセンターについて簡単に触れておきたい。

HCセンターは2005年に発達科学部を改組した際に、大学と社会のインターフェイスの場として設置された。組織上は大学院である「人間発達環境学研究科」の附属施設であり、図2-2に示したように、6つの常設部門（子ども・家庭支援部門、ボランティア社会・学習支援部門、労働・成人教育支援部門、障害共生支援部門、ジェンダー研究・学習支援部門、ヘルスプロモーション）の他、プロジェクト研究部門を抱えている。各部門は大学院の「発達支援論コー

第2章　高等教育における ESD 実践―現代 GP の事例から―　37

```
                    ┌─発達支援インスティチュート─┐
   あ   ┌─────────┼──────┬─────┬──────┐
   ー   │         │      │     │      │
   ち   HCセンター   心理教育    社会    サイエンス
                   相談室    貢献室   ショップ
       ヘルスプロモーション    プロジェクト
       子ども・家庭支援      【基幹部門プロジェクト】
       ボランティア社会・学習支援 【プロジェクト研究】
       ジェンダー研究・学習支援  ・市民科学に対する大学の支援に関する実践的研究
       障害共生支援         【現代GP・大学院GP】
       労働・成人教育支援     ・アクション・リサーチ型ESDの開発と推進
                        ・正課外活動の充実による大学院教育の実質化
```

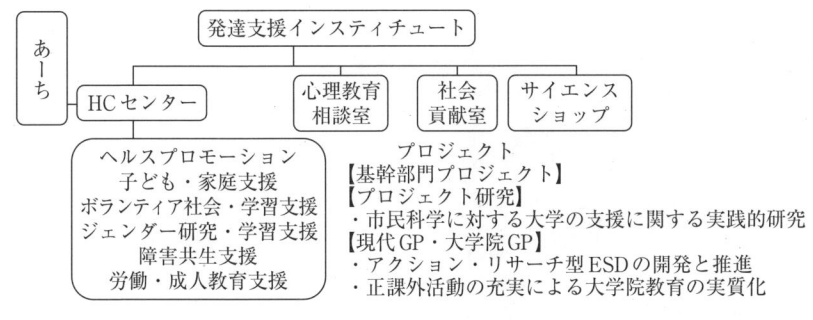

図 2-2　ヒューマン・コミュニティ創成研究センター

ス」に所属する教員が主宰しており、したがってセンターに関わる教員は全員、兼任である。同センターは英文名を Action Research Center と表記しているように、新たな実践的研究を方法論のレベルで共有し、たとえば地域の実践家やNPO等の団体職員、行政職員、学校教員等との共同研究を行っている。また、街中に設置したサテライト施設「あーち」では、子育て支援と障害者の居場所づくりを中心とした実践的研究を行い、さらに「ジェンダー」や「ヘルスプロモーション」等に関係したワークショップを開催し、プログラム開発も実施している。

　これらの研究に関わる学生は学部、大学院とも「発達支援論コース」に所属する学生が中心である。学部の「発達支援論コース」は 3 年次生から受け入れており、学生はどの学科からでもこのコースに進学（所属替え）できる仕組みになっている（発達科学部は 4 学科体制で、学生は入学時より、いずれかの学科に所属している）。

　そのため、学部の「発達支援論コース」は「学科横断コース」として注目され、毎年十数名が進学してくる。大学院（博士前期課程、後期課程）の「発達支援論コース」は「教育・学習論専攻」に所属し、例年、前期課程は 6 〜 7 名程度、後期課程では 1 〜 2 名が入学している。さらに、前期課程には実践的な実績を持っている社会人を対象とした「1 年制前期課程」（事実上、「1 年制の修士課程」であり、1 年間で各自が蓄積してきた実践をまとめ、修士号を取得できる）があり、5 〜 6 名が入学している。このように「発達支援論コース」

図2-3　HCセンターでの活動例

は実践的ないしはARを旨とした領域横断的なものとして設置されており、このことが後述する「ESDコース」の内容規定に大きな影響を与えている。

以上の「発達支援論コース」所属学生だけではなく、学内外の学生もHCセンターの研究に関わっている。特記すべきは「ボランティア社会・学習支援部門」の「ESDボランティア育成プログラム創成プロジェクト：ESDボランティア塾ぽらばん（以下、「ぽらばん」と略）」である。「ぽらばん」は、複数のNPOスタッフと大学研究者の連携の中で、高校生・大学生を中心とする若者たちがボランタリズムを内面化・具現化する場をつくろうと、2006年から実施されてきた実験的事業である。関係している人すべてが、環境、人権、福祉、貧困、開発などの多様な領域でのボランティア活動を通して社会的課題をESDの観点でとらえ、その総合的な解決に主体的に関わるようになることが目指されている。ボランティア活動・サービスラーニング・ESDを統合し、その推進課題を検討しようとするARの一つである。実は、「ESDコース」の特徴の１つである「ツール・ド・ESD」は、この「ぽらばん」のスタイルからヒントを得ている。

また、2005〜2008年の間には、プロジェクト研究部門として「市民の科学」が設置され、学外（街の中）で「サイエンスカフェ」を開催した。「市民の科学」は2009年度からHCセンターより独立して「サイエンスショップ」を表看板に掲げて、人間発達環境学研究科を特色づける4本柱の一つとなっている。ESDコースの内容構成にはこの「市民の科学」が関わる点も多く、学問領域としての文理融合的な内容を担保する役割を担っている。

以上、HCセンターでは、6名の部門主宰の教員、プロジェクト部門に所属する教員、これらの教員と共同研究を行う学内の教員、「発達支援論コース」に所属する学部生、大学院生、ボランティアに関心を持つ学生等が恒常的に関

わり、さまざまな学外者と共同研究を行っている。このような性格のセンターからESD研究の端緒が生まれてきた。そして、NPO団体である「ごみじゃぱん」を立ち上げてゴミの減量化の実践活動を行ってきた経済学部および哲学・社会学・地理学の領域で「倫理創成プロジェクト会」を組織してきた文学部とESDを機軸にリンクし、協働して学生の教育、「ESDコース」の運営にあたることになったのである。

（4） カリキュラムと教育方法

「ESDコース」のカリキュラムは表2-1のとおりであるが、2008年度より対象学年の授業を一斉に開講したため、2009年度9月現在では、いまだ進行中つまり完成年度を迎えていない。したがって、平たく言えば、試運転中のカリキュラムということになる。以下、関係する事項について項を分けて述べていく。

1） 学部を超えたAR活動のための「ESD支援ネット」の設置

ARを行うためには、当然のことであるが学内外の諸組織・団体との連携は欠かせない。学生の希望も聞きつつ、外部のフィールドへ彼らを誘うために「ESD支援ネット」を立ち上げた。実際には、HCセンターやごみじゃぱんの活動、倫理創成研究のフィールドとして、すでに関係を持っていた学内の組織を核とし、各教員がネットワークを持っている団体等に学生の受け入れを願い出て、恒常的な関係づくりに取り組んでいる。また、神戸大学は2007年にRCE（Regional Centers of Expertise on ESD: ESDの推進のための地域拠点）[4]として国連大学より認証されており、この組織とも連動するとともに、国内外のネットワークも活用し、学生の諸活動を豊かにしたいと考えている。

学生は2年時に「ツール・ド・ESD」としてさまざまなフィールドに出向き、社会の中にある「実践」に触れる。学生がフィールドワーカーとして十全に活動するということではないが、自らが希望するフィールドに参加し、「社会・地域の中では何が行われていて、何が問題になっているのか」「誰が、何に取り組んでいるのか」などの好奇心を開拓することを目的としている。この

表 2-1　ESD コースカリキュラム

授業科目区分等	授業科目名	単位数	開講時期	開講学部等
教養科目	総合科目Ⅱ （ESD 基礎持続可能な社会づくり）	2	1年次後期	全学共通 教育部
基礎科目	ESD 論（環境発達学）	2	2年次前期	発達科学部
	ESD 論（環境人文学）	2	2年次前期	文学部
	ESD 論（環境経済学）	2	2年次前期	経済学部
関連科目	ヴィジュアル・コミュニケーション論	2	1年次前期	発達科学部
	生涯スポーツ論	2	1年次後期	発達科学部
	子どもの発達	2	2年次前期	発達科学部
	自然教育論	2	2年次前期	発達科学部
	健康行動論	2	2年次前期	発達科学部
	利他的行動研究	2	2年次前期	発達科学部
	都市文化論	2	2年次前期	発達科学部
	表現創造演習	2	2年次前期	発達科学部
	生活空間計画論1	2	2年次前期	発達科学部
	教育学研究法	2	2年次後期	発達科学部
	生活環境緑化論1	2	2年次後期	発達科学部
	国際開発論	2	3年次前期	発達科学部
	環境植物生態学	2	3年次前期	発達科学部
	エコロジー論	2	3年次前期	発達科学部
	メディア論	2	3年次前期	発達科学部
	生涯発達心理学	2	3年次前期	発達科学部
	環境人文学講義Ⅰ	2	3年次前期	文学部
	環境人文学講義Ⅱ	2	3年次後期	文学部
	環境 NPO ビジネスモデル設計概論	2	3年次後期	経済学部
	社会コミュニケーション入門	2	3年次後期	経済学部
フィールド 演習科目	ESD 演習Ⅰ（環境発達学）	2	3年次前期	発達科学部
	ESD 演習Ⅰ（環境人文学）	2	3年次前期	文学部
	ESD 演習Ⅰ（環境経済学）	2	3年次前期	経済学部
	ESD 演習Ⅱ（環境発達学）	2	3年次後期	発達科学部
	ESD 演習Ⅱ（環境人文学）	2	3年次後期	文学部
	ESD 演習Ⅱ（環境経済学）	2	3年次後期	経済学部

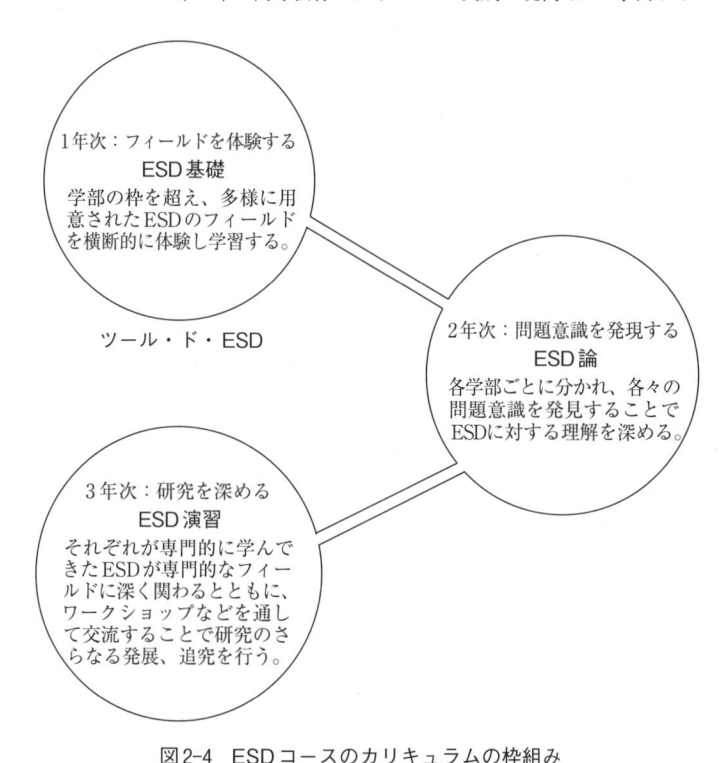

```
     1年次：フィールドを体験する
           ESD基礎
     学部の枠を超え、多様に用
     意されたESDのフィールド
     を横断的に体験し学習する。


        ツール・ド・ESD
                          2年次：問題意識を発現する
                                ESD論
                          各学部ごとに分かれ、各々の
                          問題意識を発見することで
                          ESDに対する理解を深める。

     3年次：研究を深める
           ESD演習
     それぞれが専門的に学んで
     きたESDが専門的なフィー
     ルドに深く関わるとともに、
     ワークショップなどを通し
     て交流することで研究のさ
     らなる発展、追究を行う。
```

図2-4　ESDコースのカリキュラムの枠組み
「ESD」コースでは3年間を通してフィールドを訪ね歩く実践プログラムが用意されている。

段階では学生はフィールドの「お客さん」の立場にいるが、私たち教員は学生がさまざまな実践活動に触れて、まずは現場から、または事実からものを考える、というような発想法を身につけてほしいと期待している。

　しかし、実際には問題がないわけではなく、2年生はあちこちに出向いて、「何か」を感じた反面、「何も」理解できなかったのではないか、という疑いを指摘する声もある。また、2年次の学生はフィールドワーカーとしてのトレーニングを積まないうちにフィールドに「行ってみる」ため、若干大袈裟な言い方になるが「フィールドを荒らす」恐れもないわけではない。フィールドは「生き物」である。「ESDネット」を順調に育てるためには、フィールド関係者と大学（教員）の信頼関係の構築、確認は不可欠である。

しかし、ともあれ 2008 年度には、以下の多くのフィールドに協力をいただくことができた。「あいな里山ビオパーク（国営明石海峡公園神戸地区）」「コウノトリ　プロジェクト E（豊岡市）」「あおぞら財団（アスベスト）」「あーちのボランティア活動（子育て支援や障害児支援）」「男女平等の職場づくりインタビュー」「ごみじゃぱん」「キャリアカフェ」「サイエンスカフェ」などである。これらの体験の有効性についての評価は、暫時、置いておくが、学生をフィールドに出すためには、さまざまな学外組織・団体との連絡調整を行い、また学生一人ひとりに案内し、体験の結果報告を得るなどの相当なエネルギーと時間を要する。また、学生をフィールドへ送り出す事前の調整以上に、事後の振り返りも重要となる。これらを教員が実施することは事実上、困難であり、「ESD ネット」維持のためには、コーディネーターが是非に必要である。さらに細かな点について言えば、学生の経済負担（フィールドに出かけるための交通費等）をいかようにすべきかも検討課題となろう。

2）アクション・リサーチを機軸としたカリキュラム（ESD サブコース）

たびたび述べてきたように、ESD コースは 3 学部にまたがるコースであり、学生は自らが所属しているコースの他にこのコースを履修する。そのため、正式には「ESD サブコース」ということになる。ESD コースとして設定した科目のうち 12 単位を取得した学生には修了証書（図 2-5）を与える。「ESD コース」のシラバスの概要は、以下のとおりで

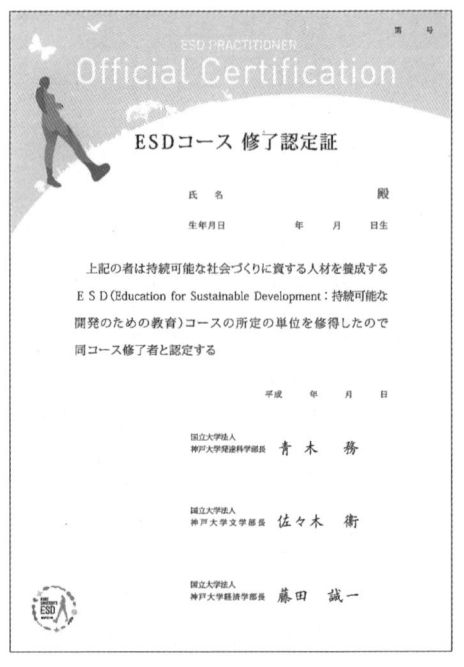

図2-5　修了証書

ある。

① 1年次後期科目…「ESD基礎」（3学部合同によるARへの導入）
　ESDは環境問題から生じたものだが、その解決には「生態系の保全」だけでなく、「公正な社会と経済」「民主主義」「非暴力と平和」など、幅広い観点からのアプローチが求められている。しかし同時に、そうした問題に自ら関わろうとする主体性の涵養は不可欠である。学生が多様な社会的課題に主体的に関わる構えをつくることが、この授業のねらいである。

　具体的には、3学部のそれぞれのフィールドや専門性を生かして、「まちのゴミ箱マップづくりワークショップ」（経済学部）、「防災ハザードマップづくりワークショップ」（文学部）、「ユニバーサルデザインワークショップ」（発達科学部）という、学生の参加意欲を増し、主体的に課題を発見し得るワークショップ（参加体験型学習）のプログラムを実施している（ワークショップの内容は2008年度のカリキュラム）。

② 2年次前期科目…「ESD論」（3学部各々のESD論と「ツール・ド・ESD」）
・「ESD論」（環境発達学）…人間の発達可能性や自己変革の可能性を観点とする。
　フィールドワークの意味や価値観、

図2-6　2008年度マップづくりワークショップの発表

アクション・リサーチの意義のほか、発達科学部の特色を生かして、人権・国際理解・生物多様性・生涯学習支援など多様な領域のテーマから ESD を総合的に検討する授業構成としてオムニバス形式で実施している（表 2-2）。

・「ESD 論」（環境人文学）…文化的、倫理的観点を重視する。
　「持続可能な社会」とはどのような社会であるか、あるべきなのかを人文学的に考察し、一人ひとりの参加の可能性を哲学・倫理学、社会学、地理学の立場から検討する。哲学、倫理学、社会学、地理学専修から各回の講師を選出、それぞれの専修の観点から持続可能な社会の主題や AR を主題としたオムニバス形式の講義である（表 2-3）。

・「ESD 論」（環境経済学）…持続可能性を重視した経済を考究する。
　循環型社会の仕組みや構築について理解や認知を深めるため、チームで実験や報告等を行う。ワークショップの手法を用いて、因数分解力、ディベート力、プレゼンテーション力、チーム力を身につける。また、表現の方法や調査の手法などについても学び、社会で必要とされる実践的な能力を身につける。2008 年度は、外部講師を招き、ソーシャルデザイン、社会的ムーブメントをいかに掘り起こすかを具体的な事例をもとに、環境問題や持続可能な社会について、どのようにアプローチすべきか、どうデザインするのかを考え、ワークショップにおいて企画案を作成し、発表会でグループごとに発表した（表 2-4）。

・「ツール・ド・ESD」…各 AR での正統的周辺参加[5]への一歩。
　ESD 論受講者が、受講期間中に、3 年次に開講されている多様な ESD 演習のフィールドに参加するシステム。3 フィールド、各 1 回以上の参加を推奨している。参加者は、まず、活動の意味や問題のありようを感じ、次に、授業中のワークショップの中で、それを他者とシェア（共有）する。多様な AR に組み込まれている課題に、いわば旅することによって触れ、広大な ESD の地平を知るようになることが目的である（表 2-5）。

表 2-2 2009 年度「ESD 論」(環境発達学) シラバス

回	テーマ	内 容
第 1 回	全体ガイダンス	ガイダンスと問題設定、フィールドワークの技法
第 2 回	講義「里山管理と生物多様性保全」	近年、里山が利用されなくなったために遷移が進行し、生物多様性が低下してきている。里山管理の必要性と生物多様性の保全の意義について論ずる。(フィールドのガイダンス)
第 3 回	講義「障害共生の観点・e for all」	障害の問題がどのように ESD と関わるのかということを示し、実践的な研究の活動から得られる経験や知見について紹介するとともに、今後必要性が増してくると考えられる実践のあり方を考える。(フィールドのガイダンス)
第 4 回	講義「次世代育成と子育て支援」	サテライト施設「あーち」での子育て支援実践を紹介し、セルフ、ピア、コミュニティ・エンパワーメントへのプロセスと次世代育成の必要性を検討する。(フィールドのガイダンス)
第 5 回	講義「専門家と非専門家の対話と協働」	サイエンスカフェ神戸、神戸大学サイエンスショップと、兵庫-神戸地域への ESD 地域拠点の形成について紹介し、専門家と非専門家の対話、連携協働を通じた持続可能な社会づくりについて論じる。(ツール・ド・ESD の日程調整)
第 6～9 回	ツール・ド・ESD	ツール・ド・ESD の日程は各フィールド担当者の提示による
第 10 回	講義「生命の尊厳からとらえる ESD」	幅広い領域と観点を含み込んだ ESD の根底にあるものを考える。
第 11 回	講義「ESD と学校教育・市民性(シティズンシップ)教育」	持続可能な開発・持続可能な社会づくりのための教育を、学校教育の中で、また市民性(シティズンシップ)教育と関連づけてどのように実施していけばよいかについて、理論レベルと実践レベルの両方の面から考察する。
第 12 回	講義「ESD の教育論」	学問のパラダイム転換を教育学の観点から論じる。「学ぶ」ということの意味の問い直しから ESD の教育論的な課題を明らかにすることにより、学外の各フィールドの活動に学習支援者として関わる視点を獲得する。
第 13 回	講義「持続可能な開発から ESD へ」	持続可能な開発 SD を巡りさまざまな議論がされてきたが、そこから実践的な成果が生まれてきたとはいえない。それを乗り越えるために ESD が提唱されている。その実態と可能性について検討する。
第 14 回	振り返り	グループディスカッションなどにより、ツールド・ESD の振り返りを行う。
第 15 回	総括	ESD 論担当教員によるディスカッション

表 2-3 2009 年度「ESD 論」(環境人文学) シラバス

回	テーマ
第 1 回	「環境人文学」ガイダンス
第 2 回	環境倫理と「持続可能な社会」(1)
第 3 回	環境倫理と「持続可能な社会」(2)
第 4 回	ケーススタディ:地球温暖化問題
第 5 回	ケーススタディ:チェルノブイリ原発
第 6 回	工学倫理のプロスペクト
第 7 回	チェルノブイリ原発事故とカンブリア地方の牧羊農夫
第 8 回	持続可能な社会とグローバル化
第 9 回	環境社会学—国連の取り組みと地域社会
第 10 回	健康と病いの社会学
第 11 回	高齢化社会とケア—看取りの医療社会学
第 12 回	医療資源配分の問題と持続可能性 (1)
第 13 回	医療資源配分の問題と持続可能性 (2)
第 14 回	総括討議

表 2-4 2009 年度「ESD 論」(環境経済学) シラバス

実施日	時間	実施要項	講義内容
9月3日 (水)	2〜4限	講義&ワークショップ	ソーシャルデザイン、社会的ムーブメントをいかに掘り起こすかを考える具体的な事例の講義と環境問題や持続可能な社会について、どのようにアプローチすべきか、どうデザインするのかを考えるワークショップ
9月4日 (木)		講義&ワークショップ	
9月8日 (月)		各グループワークショップ作業	グループに分かれて、それぞれの持続可能な社会デザイン企画案を作成する。
9月9日 (火)		各グループワークショップ作業	
9月10日 (水)		発表会	

表 2-5　2009 年度のツール・ド・ESD 日程調整表

No.	フィールド名	5月	6月	7月
1	コウノトリプロジェクト			7月11日子どものための野生復帰講座
	兵庫楽農生活センター（神出）		6月6日8:30～14:00 親子農業体験教室（田植え）	7月4日8:30～14:00 親子農業体験教室（除草・観察）
	六甲プログラム		6月13日16:00～19:00（六甲山モリアオガエル観察会＝3～4人）、6月20日10:00～12:00（六甲山の生活＝3～4人）	
2	あいな里山	5月31日10:00～16:00（田植え＝5～6人）		試行キャンプ企画 7月18日～20日
3	サイエンスカフェ		6月6日・14日・20日	
	サイエンスショップみなみあわじ			7月3日～4日
4	あーち（子育て支援）	おひさまひろば 5月26日10:00～12:30	おひさまひろば 6月2日・9日・16日・23日 各日10:00～12:30 パパママセミナー 6月13日9:30～12:30	パパママセミナー 7月11日9:30～12:30
5	あーち（障害共生）	居場所づくり 5月29日14:30～18:30	居場所づくり 6月5日・12日・19日・26日 各日14:30～18:30	居場所づくり 7月3日14:30～18:30
	みのりプロジェクト	5月26日・28日 各日15:00～16:20	6月2日・4日・9日・11日・16日・18日・23日・25日・30日 各日15:00～16:20	7月2日 15:00～16:20
7	文学部 倫理創成プロジェクト	5月18日15:00以降（尼崎クボタ旧神崎工場周辺、患者と家族の会訪問）＝2人～3人	6月1日10:00～12:00（甲子園浜干潟見学、甲子園自然環境センター）＝各学部5人程度	
8	経済学部 ごみじゃぱん	ESD 演習 I（環境経済学）観覧＝毎週木曜日 2 限（経済学部本館 219 教室）		

③ 3年後期科目

・ESD 演習Ⅰ（環境発達学）

　ESD に関連するフィールドにおいて AR（アクション・リサーチ：仮説探究・仮説検証型研究）を行い、ESD の進め方や原理などを考究する。フィールドとしては、コウノトリ農法実践（豊岡市）／あいな里山づくり活動（神戸市）／サイエンスショップ（カフェ）（南あわじ市）／子育て支援活動実践（あーち）／障害共生推進実践（神戸市）がある。

　あいな里山づくり活動の演習では、NPO「あいな里山ビオパーク」の協力を得て、国営公園内における里山づくりの実際に触れ、ESD の観点でその意味と課題を討議する。また、実際にフィールドを活用した ESD プログラムの企画・運営・評価も試みている。

　コウノトリ農法実践の演習では、農業改良普及員の支援を得て、豊岡市の新田小学校を拠点とした子どもの無農薬農業グループ「プロジェクト E」との交流を介したフィールド演習を実施した。

　子育て支援活動実践では、「あーち」のプログラムから、自分の関心に従ってプログラムなどを選択し、それらに参加・参画し、ESD と次世代育成の関係を検討している。

　サイエンスショップ（カフェ）演習では、高度科学技術社会における専門家と非専門家の対話と協働の場としての、サイエンスカフェ、サイエンスショップをフィールドとして、学生自

図2-7　環境発達学のARの様子

らが設定する課題について AR に取り組んでいる。

・ESD 演習Ⅰ（環境人文学）
　受講生自身が現場に出向き、関係者とのインタビュー調査などを行う AR を通して、研究内容や方向性を検討する。受講者は、関連する研究会やワークショップなどに参加し、自分の目で見て、肌で感じたことを学問の精神と結びつけ、深める。2008 年度は、阪神地区の公害被害と病院を現場とした AR を行った。学生が、大阪市西淀川の公害問題に取り組んでおられる「あおぞら財団」、尼崎市の「中皮腫、アスベスト疾患、患者と家族の会」、神戸市の NPO、行政関係者などを訪問し、直接にインタビューを行った。またその前後に事前学習と事後学習を取り入れることで問題への理解を深め、人文学的考察を行い、その成果を発達科学部および経済学部の学生と発表し、議論する機会を持った。

・ESD 演習Ⅰ（環境経済学）
　循環型社会の仕組みや構築についての理解や認知を形にするため、産学共同でより第一線の演習を行う。スーパーにおける商品の容器包装について相互に比較して、容器包装の簡易さの程度を評価するシステムを作る。2008 年度は、「減装（へらそう）ショッピング」実験店舗来店者の「減装商品」の浸透（認知・理解）状況や購買意識・行動の変化をフェイズごとに測定し、当該実験の

図2-8　環境人文学のＡＲの様子　　図2-9　環境経済学「減装ショッピング」実験店舗の様子

成果測定の指標の一つとする調査を行った。

・ESD 演習 II （環境発達学）
　前期に引き続き、ESD に関連するフィールドにおいて AR を行いながら、ESD の進め方や原理などを考究する。4つの演習グループ間での情報交換会とフィールド交換などによる交流を行いながら、活動の意味や問題の整理などを総合的に行う。2008 年度は、その他にも「ESD シンポジウムイン KOBE」の企画デザイン・運営を通して、ESD を実際に推進する方法についても学んだ。

・ESD 演習 II （環境人文学）
　環境問題を人文学（社会学および地理学）的な観点からフィールドワークを通して考える。環境マップ、ハザード、リスク地図作りや、環境社会学に関するフィールドワークを実施し、現代社会における環境問題を身をもって考究する場を発展させる。2008 年度は、ハザードマップ作りをテーマにして、学生が AR の手法で「持続可能な社会」について大学周辺地域から学んだ。灘区六甲町周辺で震災後の地域復興に関するフィールドワークを実施し、UNCRD（国連地域開発センター：神戸市中央区）といった専門機関とも連携して、AR の手法についても学んだ。

・ESD 演習 II （環境経済学）
　循環型社会の仕組みや構築についての理解や認知を形にするため、産学共同でより第一線の演習を行う。企業とのコラボレーションで現場力を学び、報告につなげる。2008 年度は、受講学生と教員が議論して研究するテーマを決めた。テーマはフリーペーパーの循環モデルについてである。受講学生を3グループに分けて、それぞれに研究内容を分担して、中間発表をしながら意見交換を行い、最後に全体としてフリーペーパーの循環モデルを完成させる、というものであった。

④ ESD 関連科目

　各学部で開講されている ESD 関連の科目には AR や SD（Sustainable Development）に必要な知識やスキルに関する科目がある。たとえば、「環境 NPO ビジネスモデル設計概論」（経済学部）、「社会コミュニケーション入門」（経済学部）、「国際開発論」（発達科学部）などである。2009 年度からは、関連科目を量的に拡張した。また、2010 年度より、農学部やその他の学部にも関連科目指定の枠を広げることが決まっている。

　以上のような、3 年間をスパンとした科目配列の中で、「ESD プラクティショナー」の育成を期している。座学や知識の理性的な理解から始まるのではなく、社会的問題を解決していこうとする現場に研究的な立場で関与している活動、つまり、AR に触れることから始まる、という特徴を持つ。カリキュラムの前半では、学生たちが感じたこと・思ったことを対象化するワークショップスタイルの授業が多い。しかし、より普遍的な活動や理論的な枠組みと関連させることを軽視するものではない。ESD のありようを考究する講義形式も組み込まれている。現場で感じたことを整理するとともに、他者がどのような解釈をしているのかを比較することも重要だからである。そして、そうした過程で深められた考察をベースに、持続可能な社会づくりに向かう活動を自ら実践するとともに、他の多くの人びとをその活動に誘えるような資質とスキルを持った学生を育成したいと考えている。

　しかし、そうしたねらいが、ESD コースのカリキュラムでのみ達成できるものではないということも重要な事実である。周知のように、ESD の E、すなわち教育は、既存の近代教育とは異なるパラダイムの中で構築されてきた概念である。フォーマル、ノンフォーマル、インフォーマルという 3 つの相に弁別的に整理される広義の教育によって ESD は推進される。それゆえ、課題は、単に ESD コースのフォーマルなカリキュラムをより整備するということにとどまらず、ノンフォーマルな教育、すなわち NPO や市民団体・ボランティア団体の展開する教育プログラムや、ボランティア活動自体に内在するインフォーマルな ESD とどのような関係を持っていくのかというあたりにある。

　すでに述べた RCE の多様な推進団体や阪神間の ESD 関連の市民団体は、

すでに自らボランティアや市民を育成するプログラムを持っている。そうしたプログラムと接合させるような仕組みをいかに構築するかは、今後の大きな課題の一つである。

また、ESD は、人びとの主体性・当事者性を求める概念でもある。社会の問題を他人事としてとらえ、その解決を関係者や権力を握っている人たちに委ねる姿勢ではなく、自ら解決の主体となっていくことが期待される。こうした姿勢は、いわば、日々の暮らし方に組み込まれなくてはならない。そうした意味でのインフォーマルな教育を、ESD コースを通してどのように活性化させていくのかも大きな課題といえよう。たとえば、HC センターで実施されている「ESD ボランティア塾ぽらばん」などとの連携も考えられる。今後の展望については、後に詳述したい。

(5) 実施体制
1) 超学部的な教員組織

先に述べたように、ESD コースは、HC センターを基点に全学的な広がりを持った教員のネットワークによって支えられている。現代 GP は、申請段階において、神戸大学学長を代表としている。本来的に全学の取り組みとして構想されたものであり、現在の状況は、そうした理想の実現に向けての第一歩ということができる。

現在の ESD コースの実質的な推進組織は、事務局と ESD 支援ネットである。事務局は、HC センターの専任教員2名（教授）、経済学教員1名（教授）、文学部教員2名（教授）に加え、総合コーディネーター1名（本学学術研究員：民間から登用）、発達・経済・文学部に配置された3名のコーディネーターで成り立っている。ESD 支援ネットは、各学部におけるカリキュラム開発小委員会の教員（10名）と HC センター、ごみじゃぱん、倫理創成研究のフィールドの関係者で構成されている。事務局と ESD 支援ネットの緊密な連絡調整の中で、ESD コースが推進されるとともに、課題が共有される組織となっている。

2) 学外組織とのネットワーク—神戸 ESD 連絡協議会—

　神戸・阪神地域では阪神・淡路大震災（1995）を契機に、NPO、ボランティア団体、行政、学校、企業が各々または協働してボランティア活動を活発に行ってきた。神戸大学も地域に根ざした大学として、学生の自主組織である「総合ボランティアセンター」などでさまざまな活動を行っており、大学としても「ボランティア講座」を開講するなどの支援を行っている。また、必ずしも団体や組織に所属していなくても、個人的にボランティア活動に関わっている学生も多い。たとえば発達科学部の学生では、障害を持った子どもの通学援助や幼児のプレイパークでリーダー活動を行うなど、たくさんの活動が見受けられる。人員の面でも、テーマの面でも、ボランティア活動は豊かに行われている。

　このような活動の中には、ESD としてのフィールドという意識は持っていなくても、実際には ESD の精神を含んだものが相当数ある。たとえば発達科学部では、「フェアトレード」の活動を行う NPO を学生が組織し、現地（フィリピン）でのワークショップに参加したり、ドライマンゴーを販売する店舗を開いたりしている。また、すでに述べたように、経済学部の「ごみじゃぱん」では、神戸市の一定の地域で、買い物客を相手に「包装しない買い物」キャンペーンを行っている。これらの学生たちは自らの活動を「ESD である」とは必ずしも認識していないが、ESD 活動をすでに行っていることになる。したがって、それらの活動について意味づけをし、内容をより豊富にして、さらに新たな分野の活動も付け加えて、ESD の学習コースとしての体制を整えることが、教員や推進スタッフの仕事になる。

　また、こうしたボランタリーな活動を組織化することによって、ESD プログラムに昇華させようとする AR として、阪神間の NPO の協力による「ESD ボランティア塾ぽらばん」の事業もある。

　しかしながら、現実の課題を解決する ESD 実践は、本来、行政・NPO・企業などの社会セクターの活動の中に組み込まれている。持続可能な社会づくりや開発の実際に触れながら ESD プラクティショナーを育成するのであれば、ESD コースは、当然、学外の活動と連携しなくてはならない。図 2-10 に示す

ように、ESD コースは、多様な市民・社会的活動組織によって構成される「神戸 ESD 連絡協議会」と緊密な関係にある。こうした関係の中で、ESD コースのフィールドを絶えず刷新していくとともに、ESD コースの内容を外部から評価してもらうことが可能となる。

神戸 ESD 連絡協議会は、現在はなお整備途上であるが、今後 ESD コースを運営する中で、あるいは先に述べた RCE（国連大学 ESD 地域拠点）を発展させていく中で、ESD を推進する基盤としてより強固になっていくことが期待されるところのものである。

すでに述べたように、2011 年度より農学部が加入する。今後、さらに多くの学部が参入するようになると、ESD プログラムを開発する母体としての「ESD カリキュラム開発グループ」の数は増し、それに伴って内容もますます豊富になっていくことであろう。しかし、ESD コースは、単に新しいタイプの大学教育のモデル事業ではない。その推進を通して、究極的には学内外の、持続可能な社会づくりのための社会関係資本（Social Capital）をより豊かにすることにつながっていかねばならない。ESD コースの推進と、ESD に関連する社会関係資本の増大を、同時並行的な動きと捉えることを重視する姿勢が重要であると考えている。

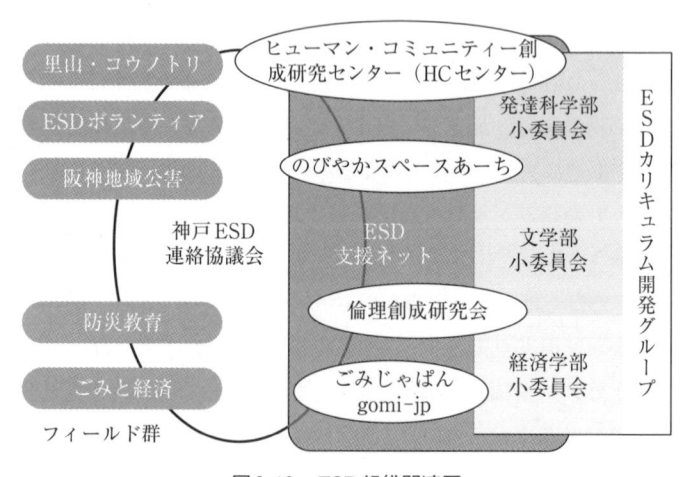

図2-10　ESD 組織関連図

（6）現代社会にうねりを生み出すための挑戦
1）ESD コースの発展のために挑む3つの課題

　現代 GP の終了を迎える 2010 年以後、ESD コースの取り組みをより発展させるために、神戸大学では3つの課題に挑もうとしている。ALL 神戸大学としての展開、大学院教育への拡張、学外の ESD 実践との接合である。

　ESD が、つまるところ、あらゆる学問の統合の上に成り立つことは多言を要すまい。総合大学の特性としてまさに知を総合化することによって、ESD の内実は豊かになる。また、すでに ESD コースの授業には、発達科学部・文学部・経済学部以外の学生からも受講の希望が出るようになっている。そうしたニーズに応えるためにも、現在の運営母体である3学部を拡張し、ALL 神戸大学として運営されることが求められるのである。

　また、これまでコースを運営してきた「ESD 支援ネット」の教員の間では、全学的な協働という水平的な拡張だけではなく、少なくとも博士課程前期まで ESD コースを拡張する必要があるという意見もある。学部以上に専門分化した大学院であるが、ESD コースの垂直的な拡張に伴って、より深い領域間の絆が生まれ、複合領域として ESD 研究が実質化する可能性がある。ESD コースの大学院教育への拡張は、ESD プラクティショナーの高度化を実現するというだけではなく、ESD 研究の学問としての体系化に資するという意味も持っている。

　さらに、先に指摘したように、ESD はフォーマルなカリキュラムの中で完結する実践ではない。学生たちの中に社会的問題への当事者意識が高まり、ライフスタイルへの批判的まなざしが生まれ、社会変革への主体的関与が強まっていくには、学外のより柔軟な教育事業や、市民・社会的活動の中に組み込まれたインフォーマルな教育に、学生たちが十全に触れることが求められる。

　すでにボランティア活動や社会的活動に参加している学生が相当する存在するものの、いまだその割合は満足できるものではない。ESD コースは、そうした学外の ESD 実践に学生を送り出し、さらに、そこでの経験を自ら意味づけていくことを促進する役割を果たさなくてはならない。RCE を中心とする「神戸 ESD 連絡協議会」との連携をより緊密にし、学外の ESD のステー

クホルダーとの協働を強化することは、ESD コースの発展に不可欠な課題である。

また、これら 3 つの課題に挑むことによって、より即物的にいえば、「ESD プラクティショナー」の社会的認知が高まることにもなろう。そうした動きの延長上に、または同時進行的に、企業や行政あるいは他大学と協調しつつ、ESD プラクティショナーの実際の活動の場を創造することも求められる。具体的には、大学では ESD 関連のポストの増設が、NPO では領域間連携を促進するコーディネーターの配置が、ビジネスの世界では ESD 関連のソーシャルビジネスの創成が、それぞれ求められることになる。

2）ESD からプラットフォームの創成の夢へ

現代 GP の関係者の間では、現在、より総合的な基盤づくり事業が構想されつつある。本稿で紹介している現代 GP と人間発達環境学研究科の大学院 GP として 2007 年に採択された「正課外活動の活性化による大学院教育の実質化」および ESD に関連した事業を総合化した「3 キューブ・プラットフォーム構想（Platform of Study for/on Sustainable Society）」（仮称）である。

これは、ESD を 1 つの軸に、Study for/on Sustainable Society（持続可能な社会づくりのための、または持続可能な社会づくりについての研究）を推進しようする計画である。全学的な認知を得ているわけではなく、どのように具体化されるかは定まっていないが、持続可能な社会づくりに向けて、「教育の向上」「研究の深化」「社会的事業の推進」を「三位一体」方式で推進し、学内外の多層多元的な取り組みを活性化させるプラットフォームを作ろうというものである。プラットフォームとは、端的には、人・金・物の補給基地のことをさす。HC センターのマネジメント機能を高め、神戸大学および他大学、さらには阪神・神戸地区のキャピタル（ヒューマン・ソーシャル・マテリアル）を豊かにし、国際的な動きに対応しつつ ESD を推進しようということである。

具体的な構想として考えられることは、ESD コースについていえば、すでに述べた「大学院教育への拡張」のほか、他大学との協定による「単位互換システム」と「認証の共有化」、および企業や民間教育産業との連携による「ソーシャルビジネス化」という展開がある。

また、ESD 関連授業の内容に直結する SD 研究、または S（sustainability）研究の深化のための多様なプロジェクト研究を産学官協働で推進したり、「ESD 学」のようなものの構築を目指して、研究紀要（たとえば、『ESD 研究』）を発行したりすることなどがすぐに思いつく。
　さらには、ソーシャルビジネスの創出を企業と協働して研究・推進するセンター（たとえば、ソーシャルビジネス創成センター）を作り、ESD プラクティショナーの育成だけではなく、起業支援にも力を注ぐといったことが考えられる。神戸大学は、ノーベル平和賞受賞団体であるグラミン銀行と協力関係にあり、世界の多くの大学と連携実績のあるソーシャルビジネス推進部門「Grameen Creative Labo」と連携する計画も持ち上がっている。
　ESD コースを立ち上げ、推進することによって、大学と社会との「真の連携」を実感することができた。そしてそこから、こうした新たな夢が湧き出ている。夢を描くのは、大学教員や研究者だけではない。院生・学生もこうした営みに主体的に加わり始めている。行政関係者、NPO の人たち、さらには企業家も、我々と同じ夢追い人になり得るであろう。ESD コースの発展は、現代社会を再構築するうねりを生み出す壮大なプラットフォームの創成へとつながることを願っている。

3. 大学を地域に開く
―高等教育におけるサービスラーニングとしての ESD ―

（1）はじめに

　本報告は平成18年度文部科学省の現代的教育ニーズ取組支援プログラムで「せたがやの環境共生の人づくり・街づくり―地域とつくる継続的な次世代リーダー育成プログラム―」として認定され、平成18年度から20年度まで継続的に行った活動の内容と成果と問題点を整理したものである。

　昭和女子大学の「せたがやの環境共生の人づくり・街づくり」は、「持続可能な社会につながる環境教育の推進」の分野で採択された。これは、本学が地域の課題や取組を集約する地域コミュニティネット・センターを設置し、産学官民が連携の上、世田谷地域の実情を把握し、課題や効果的な住民活動の情報を発信していくものである。と同時に、参加する学生に持続可能な生活環境を自ら見いだし創出する能力を与え、地域ネットワークを構築するコーディネーターなど、地域に根ざした次世代リーダーを育成するものである。具体的には、産官学民が連携した地域調査、学生の「せたがやの街づくり」をテーマとしたフィールドワークによる情報収集・発信、計画の立案等、住民、行政と協働して「せたがや」の持続可能な生活環境の実現を目指すものである。

　大学が地域と連携して、教育の場を大学敷地から周辺地域に拡大する構想はいろいろなところで試みられている事である。インターンシップを取り入れる事も教育の場を実社会につなげる一つの方法である。今回の我われのたどった方法は、世田谷という実社会と双方向につながる活動を通して人材育成を図る、一つの試行実験のようなものであった。双方向という条件を確保するために、まず行おうとしたのは、Webサイトを立ち上げて情報の流れの双方向性を作ることであった。GPのコアスタッフである教員11名でまず検討したのは、サイトをどのように立ち上げるかについてであった。大学のWebサイトはもちろん存在するが、それとは別の独立したサイトを作り上げることを目指した。その結果が（2）の「せたがや machi ecom-net」として具体化できた

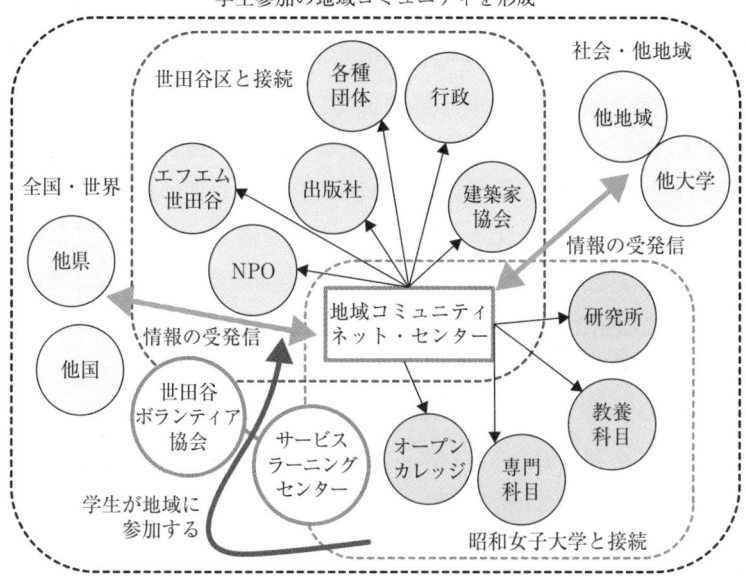

第 2 章　高等教育における ESD 実践—現代 GP の事例から—　*59*

図2-11　当初考えられていた地域コミュニティネット・センターの構想（上）とWebサイトのトップページ（下）

ものである。

(2) 双方向の情報ネットワークの構築

まず双方向の意味であるが、持続可能な開発のための教育を推進する11人の教員コアスタッフとGPの活動を指向する学生たち、それと世田谷区内の行政、NPOその他諸団体、あるいは世田谷の市民たちの間で有機的に働くネットワークを考えることとした。Webサイトの性格上、結果として全国的なネットワークとして機能するようになった。Webサイトの名前は重要な意味を持っている事項となった。つまり、サイトの検索でできるだけいろいろな検索の結果としてトップページが引っかかってくれる必要がある。

私たちの検討の結果「せたがやmachi ecom-net」という名前を付けたWebサイトとして各種検索をスムーズにできるようにした。「せたがや」のキーワードを条件としてyahooで検索して第1頁目に出るところまでになった（現在は3頁目）。ecomという言葉であるが、これはエコロジーとコミュニティをかけた造語で、エコムという愛称とした。コンテンツは、新着情報の公開、イベント情報の公開、公開講座の紹介、研究DBの公開、各種サイトマップおよびリンク集、アンケート結果の掲載画面、エコナビなどである。またメルマ

図2-12 屋敷林オープン・ガーデン＆ハウス
第1回目の家・庭・訪問は、北烏山屋敷林市民緑地で行われた。都市に残された豊かな環境を利用してcobweb（蜘蛛の巣）の空間設置を行う。交流空間として活用され、多くの市民が訪れた。

ガ会員登録画面を用意し、月に1回程度のメールマガジンを発信している。
　メールマガジンを発信することは、その受け手を確保しなければならない。最終的な結果はこの受け手の確保には伸び悩んでいる状況である。現在300名ほどの会員を確保したが、発信された情報を受け手が受ける場合には、会員数が4桁に及んで初めて、あるレベルに到達したといえるであろう。

(3) GP活動の内容
　ここからは、学生・市民・各種団体等を巻き込んだ実際の活動内容となる。ここでは9つの概念に分かれた活動の報告をする。
1)「せたがや家・庭・訪問」
　この活動の趣旨は、次のとおりである。

> 　地域の環境を活用してイベントを企画し、学生が中心となって市民との交流を可能とする場を設定すること；持続可能な社会を構築してゆくには、現在ある地域の資産や知恵を共有して、生活を継続的に発展させる住民の力と資源を活用して、安心して暮らせる街を創出する地域活動が必要になる。そのために、世田谷区内にある豊かな自然、歴史、文化、街について学生が「せたがや machi-ecom 隊」となって現場に出掛けていくことで、さまざまな体験を通じて知識を深め、住民の方々とも連携し、地域と大学のコミュニケーションを進展させることを考えた。

図2-13　せたがやの原風景
2回目の家・庭・訪問は太子堂2丁目にある昭和初期の平屋住宅を対象として調査を行った。建設当時の姿を復元模型として作成し、大学の学園祭で展示し、併せて実物の展示も行った。その後この住宅は取り壊された。

「せたがや家・庭・訪問」では、世田谷にある、家、庭、まち等、実際の場所をリサーチし、使用させていただきながら、地域ストックとして価値ある場やものを顕在化させ、紹介していくことを目論んだ。多様な専門領域の教員で構成されているGP環境委員の利点を生かし、これら担当委員がコアとなり、学生への呼びかけなどを行った。学科間の活発な交流が生まれることも期待している。[6]

〈2年間で6回行われた「せたがや家・庭・訪問」概要〉
第1回「屋敷林オープン・ガーデン&ハウス」2007年7月、8月
　世田谷区内に残る農家の屋敷林。市民に開かれた個人のお宅。この地域資産を知らせ、地域の交流空間とすべく空間設置と、自然観察まち歩き、手作り菓子でオープン・ガーデン・パーティーを行った。
第2回「せたがやの原風景―昭和初期住宅を体験する」2007年11月
　大学の近隣、三軒茶屋に昭和初期に建てられた民家がある。後半は設計事務所として改修され使われてきたが、解体時期が迫っていた。学生が測量等調査の後、復元模型の作成、展示を行い、同時に地域に開きオープンハウスも行った。
第3回「せたがやスローフード―民家園で体験するいにしえの暮らし」2007年11月
　世田谷区立次大夫堀公園民家園の古民家にて、トチ餅作り、火おこし体験、

図2-14　せたがやのスローフード
第3回目の家・庭・訪問は世田谷区立次太夫堀公園民家園を借りて行われた。トチ餅つき、ほうろくを使った木の実の試食、ソバを利用した食の提供、火おこし体験、木の実やトチの実についての解説、パネル展示が行われた。

スダジイ、ソバガキの試食など、いにしえのスローフードを作る過程から行い、五感で体験。トチは学生が数カ月前から都内に採取に行き、灰汁抜きから粉にするまで、すべてに関わった。

第4回「ポケット・ガーデンづくり―産官民学で取り組む人づくり・街づくり」2008年3月

　三軒茶屋駅から昭和女子大学へと続く歩道のポケット・ガーデンを、沿道の商店、学生の協力などのもとに、世田谷産の花でいっぱいにする計画。フラワー・ポットのワークショップも同時に行い、公共の場所を自分の庭のように愛されるものにしていく活動。

第5回「ねこみち　こみち　まねきみち」

　これは、「古代から近代、そして現代へイセキを通して学ぶ"つながり"」をテーマとして、世田谷豪徳寺の古代遺跡を2カ所の商店街空き店舗の中に復元していくイベントである。豪徳寺の招き猫をヒントに遺跡に誘導する要素としてネコを選んだものである。

第6回「せたがやの原風景〜昭和初期住宅を体験する」

　これは梅ヶ丘にある築76年の民家の調査を世田谷区から依頼されたことを発端とする。国の有形文化財に登録されるために必要な実測調査を、学生たち

図2-15　ポケット・ガーデンづくり
第4回目の家・庭・訪問は国道246号線の植栽帯を借用して行われた。学生と市民のボランティアを募集して花植えからゴミ拾い、水やりに至るまで継続的に行われた。

によるチームが開始した。その内容が把握できるようになって、昭和初期住宅に対する学生たちの思いが芽生えてきて、タイムスリップした感覚を持つようになった。このような過程が、調査というイベントの価値として位置づけられた。

2) 雑誌「世田谷ライフ」への掲載活動

1)の6回に及ぶ「せたがや家・庭・訪問」の内容を、学生の手で取材して地域の雑誌に投稿し、記事を連載していく活動を行った。第1回「屋敷林オープン・ガーデン＆ハウス」は、「世田谷ライフ」2007年8月26日号に「光と風が通り抜ける林でくもの巣ハンモックにたゆたう」という表題のもと、第2回「せたがやの原風景―昭和初期住宅を体験する」は「時間が育んだ民家の趣きと美しさ」という表題で、2007年11月26日に掲載された。第3回「せたがやスローフード―民家園で体験するいにしえの暮らし」は2008年2月26日号に、第4回は「歩道の植栽帯からより良いまちづくりを目指して」という表題で2008年5月26日号に掲載された。第5回は「古代から近代、そして現代へイセキを通して学ぶ"つながり"」という表題で2008年8月26日号に掲載され、最終回の第6回は「実測調査によって明かされるK邸の全容とそこに込められた思い」と題されて、2008年11月26日号に掲載されて完結した。

図2-16　ねこみち　こみち　まねきみち
第5回目の家・庭・訪問は山下商店街と豪徳寺商店街の2カ所の空き店舗を借りて行われた。7000本の紙の筒を用いた原寸大の竪穴式住居遺跡の展示は、商店街を訪れる人たちの目を引いた。

2年間に6回の掲載を行うスタッフは基本的に学生のチームで行った。各種取材と写真撮影をもとに原稿を仕上げてまとめていく作業を行う過程には、11名の教員スタッフのうち、各イベントごとの担当教員が掲載にあたっての指導を行っていった。

3） まち歩き自然観察—身近な自然に触れる—

世田谷にはまだ自然が多く残されている。国分寺崖線もその一つである。崖地であるからこそあまり活用できずに残された自然であり、そこが都市のオアシスとして位置づけられている。そこは豊かな緑地におおわれ、豊富な湧水が流れ、名実共にオアシスとしての意味を感じさせる場所となっている。

「まち歩き自然観察」という言葉は特に確立されたものではなく、まちを歩きながらそこで見られる動植物を観察したり、保存されている自然の風景全体を見る、といった意味で使っている。里山や原生自然の中で行う自然観察と比べ、見られる生物の多様性が低い、周りの人たちから奇異の眼で見られる、交通事故などの危険がある、などの短所が確かに存在する。しかし、目的地まですぐに行けて費用もあまりかからない、思い立ってすぐに実行できる、食べ物や服装などの準備の心配が全くいらない、などの長所も多く、仕事や勉学で忙しい人たちには非常に適した自然観察の方法と言える。さらに、里山などでは見られない外来種の動物や外国産の花が見られたり、人間が作ろうとしていた自然、たとえば植込みや池が当初の予想

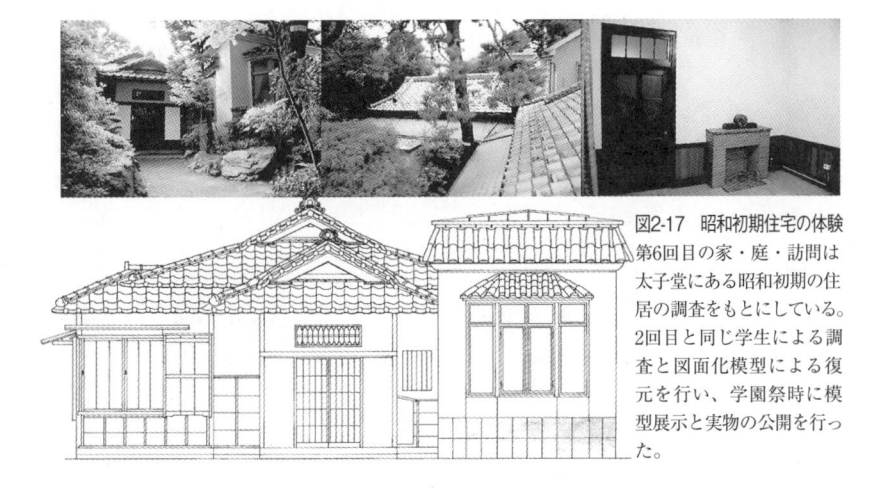

図2-17 昭和初期住宅の体験
第6回目の家・庭・訪問は太子堂にある昭和初期の住居の調査をもとにしている。2回目と同じ学生による調査と図面化模型による復元を行い、学園祭時に模型展示と実物の公開を行った。

とは違った姿になりつつあるのを発見して、かえって自然の大きな力を認識する、などの意外性も魅力である。[7]

まち歩き自然観察には、学生のほかに市民も自由参加して、学生との交流にも役立った活動となっている。

4)「小さなデザインのボランティア活動」

「小さなデザインの提供のボランティア活動」は、世田谷の福祉施設、行政施設、公共的施設（公園、広場など）における区の町づくり課等の団体や商店街が必要としている小さなデザインの要望に対して、大学の活動としてデザイン案の提供を行っていくというものである。環境デザイン学科や文化創造学科ではデザインを学ぶ学生がおり、新鮮な学生たちのデザインを必要としている各種の組織の方々の要望に応えていく活動である。

実現した実施事例を以下に示す。

最初は、財団法人世田谷区産業振興公社の依頼であった。この公社は区内の中小企業を支援する活動を行っている団体で、太子堂2丁目の産業プラザを拠点としている。その1階に世田谷産業情報コーナー"せたがや産ポ"がある。情報センターではあるが、その空間をリニューアルして喫茶室を造ったのを契

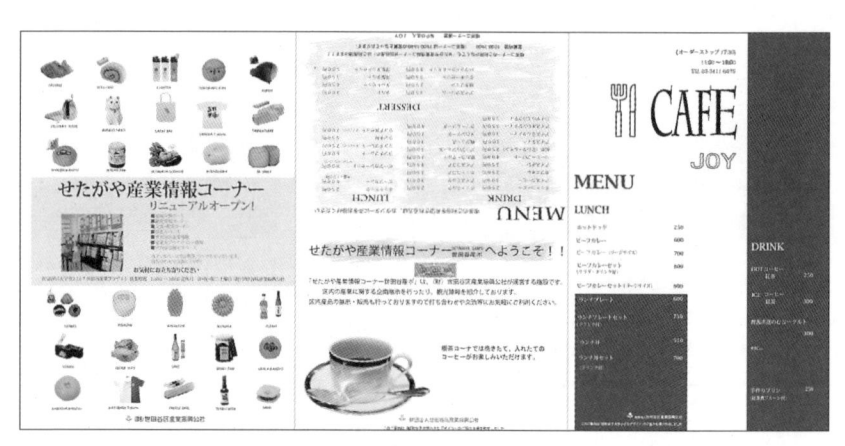

図2-18　デザイン例　その1
「小さなデザインの提供のボランティア活動」で提案したポスターとメニューシート(2種)。デザインしたのは環境デザイン学科の学生有志である。メニューシートが採用されたものである。

機に、喫茶室リニューアルオープンのポスターと、メニューシートおよび情報センターの宣伝カードのデザインの依頼を受けた。このデザインについては環境デザイン学科の学生メンバー約5名の協力を得てデザイン案を作成し、提案を行った。

　2番目はアラカルトカンパニーとの活動である。NPO法人アラカルトカンパニーの依頼を受けて、ロゴマークのデザインを行った。アラカルトカンパニーは障害者、高齢者等にジョブサポートをする団体で、その団体のパンフレットに載せるロゴをデザインするという業務であった。いくつかの案の提示から最終案を誘導して採用されたものである。

　3番目は世田谷区文化・国際・男女共同参画課からの依頼で、2008年11月に企画された「ワーク・ライフ・バランスな1週間」と称するイベントの事前ポスターの作成であった。デザインスタッフは学生募集によって集めた。これもいくつかのデザイン案（色彩案）から最終的なものへと高められていった。

　4番目は世田谷区生活文化部消費生活課からの依頼で、振り込め詐欺や押し売りを撃退するための防犯ステッカーのデザインを行うものであった。この事例では、環境デザイン学科のCG（2D）の演習科目の授業の課題として取り上げ、提出されたデザイン案の中から優秀なものを選んで提案した。最終案に至

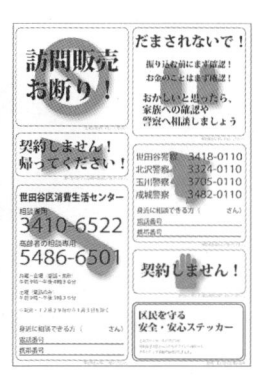

図2-19　デザイン例　その2
「小さなデザインの提供ボランティア活動」の一環で行った、学園祭での野菜売場づくりと、振り込め詐欺防止の防犯ステッカー、「ワークライフバランスな1週間」のイベントポスター。

る過程で、色彩に関する先方の要望を入れた。

　その他イベントのチラシなどのデザインは、その都度担当を決めてデザイン案を提案している。すべてのデザインにおいて、最終案に至るまでの過程で担当教員の指導が加えられている。

5）桜新町商店街デザイン活動

　この計画も「小さなデザイン提供のボランティア活動」の一環で行ったもので、商店街の商店主と共にワークショップを開き、商店の改装に対して学生のアイデアを提供していく活動であった。

　このプロジェクトは2つに分かれているが、1つは環境デザイン学科の設計製図の課題として、桜新町の現実の商店街地区を敷地とするいくつかの商業ビルの建て替えを取り上げたものである。もう1つも同じように設計製図の課題として取り組んだものであるが、同じ桜新町で住居と工場が同居する地区として将来の計画を提案するものである。いずれの場合も世田谷区の担当課の協力を得て、前者は実際の商店主と将来の計画を考えるという課題設定で行ったものであり、後者は地区の将来の計画についてのシンポジウム企画まで含んだものとなっている。

　平成18年度に行った「桜新町商店街建替えプロジェクト」は、世田谷区都市計画課と商業課の協力のもと、桜新町商店街にある11店舗の建て替えを想定して商

図2-20　桜新町商店街プロジェクト

桜新町商店街の2つのプロジェクトに関する冊子のデザインも学生の手によるものである。もちろんこのプロジェクトは学生主体で、2年間かけて商店街の人たちと行政担当者を交えて進められたものである。

第 2 章　高等教育における ESD 実践—現代 GP の事例から—　*69*

店街を活気づけるというプロジェクトである。
　平成 20 年度に行った「桜新町住工共生プロジェクト」は、世田谷区雇用・工業促進課の協力のもと、桜新町の準工業地域の住み手と工場がどのように共生するかということの提案をするというものである。
　2 つのプロジェクトの演習での進め方は、同様の手法を取った。以下に授業で行った活動を報告する。
　演習での活動は大きく以下のように分類できる。
① リサーチ 1：トラッキング
　　地図の上に描いた直線を現地でたどり、歩きながらそこで体験したものを写真と文章で記述する方法でフィールドワークを行う。
② リサーチ 2：ヒアリング
　　現地の諸事業体にヒアリングをする。また、文献調査も行う。
③ リサーチ 3：マッピング
　　リサーチ 1 と 2 から、点、線、面、矢印、記号を使用して地図を作成する。地形とは異なる社会地理学的なトポグラフィーを抽出することを目指す。
④ プロジェクト
　　リサーチ 1 〜 3 をもとに、敷地について提案を行う。ソフト的な提案から建築的提案までを行う。模型、模式図、図面にて表現する。
⑤ プレゼンテーション
　　2 にて協力していただいた諸事業体の前で、1 〜 4 までのプレゼンテーショ

図2-21　桜祭りでのイベント
商店街の2つのプロジェクトは、桜祭りでのオープンエアーの展示、ものづくりまちづくりシンポジウムのテーマともなって、多くの人びとの目に触れるイベントとなった。

ンをして意見交換をする。
⑥ プロモーション
1〜5についてプロジェクトをまとめて製本をする。また、「桜新町住工共生プロジェクト」では、5のシンポジウムのためにチラシとポスターを作成した。[8]

課題の設定期間は半期4カ月である。学生の作成する提案は高度な技術を示すというより、むしろ素朴で学生としての新鮮な感覚をストレートに表現するものが多かったといえる。それでも実社会のリアルな状況をもとにした提案とならなければならないものであったが、その点での評価はそれなりのものであったといえる。それでも、最終的にはデザイン案の成果を冊子にまとめて商店街に提供した点は評価できるものとなった。

図2-22 下の谷商店街のイベント
下の谷商店街の活性化イベントは街の活動家とのコラボレーションとして行われた。「わたしショップ」といわれる手づくりの屋台を並べ、シャッター商店街に活気を呼び込んだ。もちつき大会に子どもたちは大はしゃぎであった。

6) 下の谷商店街活性化イベントの共催
下の谷商店街は関東大震災後にできた歴史のある商店街である。その商店街が高齢化していくぶんシャッター商店街に変質してきているが、街の活動家がそこに活性化の息吹きを吹き込もうとしていた。それに協力体制を取って、このイベントを盛り立てていった。

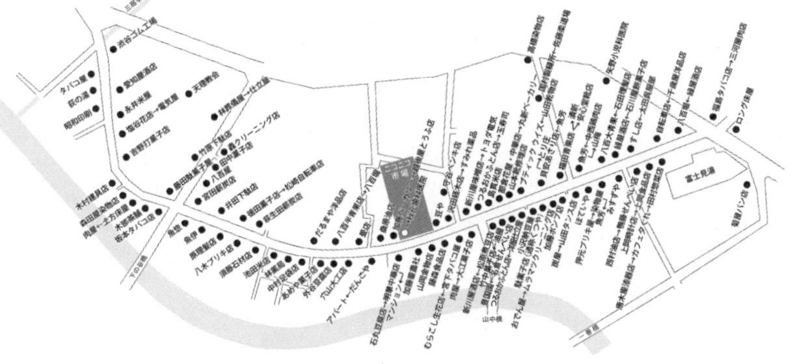

図2-23 下の谷商店街の昔の姿
下の谷商店街の活性化イベントでは、最後の成果品としてかつての商店街の姿を地図上に落として示した。

「したのやえんにち」は、下の谷で毎年行われる「もちつき大会」に合わせて2007年に企画されたイベントである。開催日時は11月23日祝日の13時から17時まで(もちつき大会は13時から15時まで)で、下の谷の商店街に手づくりの折りたたみ屋台「わたしショップ」を並べ、通常の常設店舗の営業に加え、仮設屋台によって賑やかな商店街の風景を形成し、地域の交流を図るものである。屋台以外に駄菓子屋とおつかいカフェも特別営業する。駄菓子屋は「居酒屋かめや」の協力により場所とゲームを提供してもらい、営業の運びとなった。ゲームは子どもが楽しめるようにと提供されたもので、昭和40年代の懐かしいスマートボールやインベーダーゲームである。また、駄菓子屋内で「下の谷の魅力」についてのパネル展示を行う。これは下の谷の方々に取材をし、語っていただいた内容を編集したものである。おつかいカフェは、「カフェ下の谷」で開催する。まず、鍋に入れたい具を買い出しに出かけ、食材を持参してカフェに戻ると料理してもらえるシステムになっている。恒例のイベント「もちつき大会」の会場は商店街中央の酒屋の前辺りである。酒屋の向かい側の駐車場で米を蒸し、ついた餅をちぎり、衣(きなこやあんこ)をつけてパック詰めをして販売し、実際のもちつきは路上で行う。

「したのやえんにち」では10基の屋台を造り、シャッターが下りている店の前に屋台を並べ、営業している店とあわせて賑やかな商店街の雰囲気を醸し出すとともに、人と人とのつながりや下の谷という地域とのつながりをつくる装置として屋台を活用する。屋台はフリーマーケットの店主に貸し出す形をとった。

2007年6月に放映されたNHK「新日本紀行ふたたび」の中で下の谷商店街が取り上げられ、以前のような賑わいはないものの人情がある街であり、新たな交流も

図2-24 「せたがやの農業」
世田谷ではまだまだ農業が活性化しており、「せたがやそだち」の銘柄の野菜が特筆に値する。まず、学生が農家を訪問して世田谷の農業についてインタビューすることによって学び、農業者それぞれの方の農業への思いを感じ取っていった。

始まっているとして、街の活動家の活動が取り上げられた。この番組によって、地域の方々へイベントや活動家の情報が伝わり、イベント開催に向けて本格的にスタートしたものとなった。[9]

7)「せたがやの農業」、農業者との活動

世田谷にはまだかなりの農業が残っている。その農業者とのコラボレーションで活動したのが、食物栄養関係の学科である。食の安全を目指し、合わせて世田谷そだちの野菜を活動の中心にすえたものとなった。

　世田谷区の農業では、さまざまな取り組みが行われ、住民参加型のイベントなどが多く行われている。その中で、教育・ふれあい農園や区民農園、農業祭、農産物直売所など多くの農業の振興活動が行われている。
　そこで、「せたがやの環境共生」の活動の一つとして世田谷の農業に視点を向け、平成19年度、20年度のテーマとした。平成19年度は、「せたがやの農業を知る」ことをテーマにした。学生が世田谷の農業従事者にインタビューすることで農業の実情を学習し、その内容についてまとめる。そして、より多くの人びとに「せたがや」の農業を広く知ってもらうために、毎年、11月に開催される文化祭（秋桜祭）で展示媒体を使用しての発表を計画した。さらに、世田谷で生産されている「せたがやそだち」の銘柄のついた地場野菜・花きの即売会を計画した。
　平成20年度は、さらに世田谷の地域の中で、自然環境と人間がどう共生していったらよいかを提起するために、学内外において農業と地域住民との関わりや農業を実際に体験することにより、食育と連動した環境教育を学生と共に行う活動を行っ

第2章　高等教育におけるESD実践—現代GPの事例から—　73

図2-25　世田谷の農業者とのコラボレーション
学園祭で野菜を直売することで農業に触れ、また農家を訪れて農作業を体験することでも交流をして、少しでも世田谷の農業について知る機会をつくってきた。

た。また、世田谷育ちの顔の見える農産物を大学祭で販売し、大学内での給食経営管理および実習で地産地消の取り組みにつなげていくメニュー作りを取り入れた。[10]

8）エコ＆スローライン世田谷線検討会参加

　三軒茶屋から下高井戸までをゆっくり走る東急世田谷線で、「エコ＆スローライン世田谷線」という検討会が2007年秋から東急電鉄を中心に企業、行政とともに始まった。本校も環境GPとして参加している。世田谷線沿線をよりいっそう「エコ」で「スローライフ」な魅力あるまちにすること、地域活性化を考える取り組みであり、現在までのところ回生電力の有効利用等が話し合われている。この課題を拡大解釈し、大学院生の設計演習の課題として取り上げ、イメージ冊子VOIDを作成した。

9）環境共生の人づくり・街づくりをテーマとした公開講座の企画

　2006年は2回の公開講座を企画実施し、2007年は7回の公開講座と最後にシンポジウムを企画実施した。さらに2008年にも8回の公開講座を行い、学生によるシンポジウムで締めくくった。3年間を通してのテーマは「せたがやの環境共生の人づくり・街づくり」である。以下に各公開講座の題名と講師を記す。

図2-26　冊子VOID
エコ＆スローラインの世田谷線の魅力を冊子VOIDに表現したのは大学院生のグループであった。

- 「むらの自然で体験学習」講師：守山　弘氏
- ノーベル平和賞受賞者：ワンガリ・マータイ氏
- 「環境と共生するすまい・まちづくり」～その新たな段階へ～講師：岩村和夫氏
- 「せたがやのまちづくり」講師：原 昭夫 氏
- 「雑木林の変化と成長を楽しむ」講師：櫻井一彦氏
- 「持続可能な環境と建築」講師：栗生 明氏
- 「環境に配慮した地域活性化と住民参加」講師：井原満明氏
- 「アジアの水辺都市から学ぶ」講師：高村雅彦 氏
- 19年度のまとめとしてのシンポジウム
  「持続可能な社会へのライフスタイル」講師：高月 紘氏
  「環境共生の人づくり・街づくり」GP委員によるパネルディスカッション
- 「路地からの東京論」講師：岡本哲志氏
- 「グローバルな視点で地球の未来を考える」講師：ワンガリ・マータイ氏
- 「市民参加のまちづくり」講師：鈴木立也氏
- 「自然を生かした藤森流建築」講師：藤森照信氏

図2-27　記事にとり上げられた内容
新聞記事に取り上げられたイベントは社会的に認められた私たちの活動として学生達の達成感につながった。

- 「環境教育への招待」講師：北野日出男氏
- 「環境負荷の小さい快適なまちづくり─脱ヒートアイランド都市に向けて─」講師：梅干野晁氏
- 「地球環境に配慮した建築」講師：見学洋介氏
- 「木の文化と建築」講師：入之内瑛氏
- 18年度から20年度の3年間のまとめのシンポジウム＆パネルディスカッション　テーマ：現代GP〈環境〉の活動の中から見えてきたこと

(4) 諸活動の問題点と課題

　平成18年度に認定されたGPの活動は20年度で終了した。文部科学省の3年限定の現代的教育ニーズ取り組み支援プログラムであった。3年間各種のサービスラーニングの活動やまちづくりのイベント企画、あるいは街の地域活性化のプロジェクト参加など学生と共に活動してきた。そこに見えてきたことを整理してみると以下のようになる。
　① 大学の教室で行っている教育の場を実社会の場に広げて実施することに

よって、はるかに充実した実りのある教育を行うことができる。

② 活動に参加した学生にとってその成果を実感することができたことと、事業を行った結果の達成感は他に代え難いものがあった。

③ 事業やプログラムを実社会と連動して行っていくことは、学生にとってもそれを担当する教員にとっても大きな責任を伴うことであり、またそのプログラムを実施していくことには、多量なエネルギーを必要とした。

図2-28　イメージデザイン
せたがやmachiecom-netのマークとして機能しているもの。持続可能な生活を送るイメージを図柄に置き換えたもので、人びとの生活がにじみ出るように表現されている。

④ GPの補助事業期間には経費を確保できたために各活動に対して、チラシ印刷や冊子作成をすることができた。その結果、活動をより充実したものにすることができた。しかし、GPが終了した後に同じような活動をするためには経費を何らかの形で確保していかなければならない状況がある。

⑤ 3年間の活動を終了して、その記録を報告書の形式にまとめることができたことは、今後同様な活動をするグループにとっての指針となるという意味で一つの成果といえるであろう。

⑥ 3年間の活動の中ですでに卒業生を送り出しているが、この活動に参加した卒業生が、世田谷の行政関係に就職をしている。GPの成果を担っていることが感じられ、次世代リーダー育成プログラムと謳って事業をした意味があったといえる。今後、街づくりなどに携わるファシリテーターやコーディネーターの人材が育成されるであろうと予想できる。

⑦ この活動を通して、持続可能な環境教育の形態は多様に存在すること

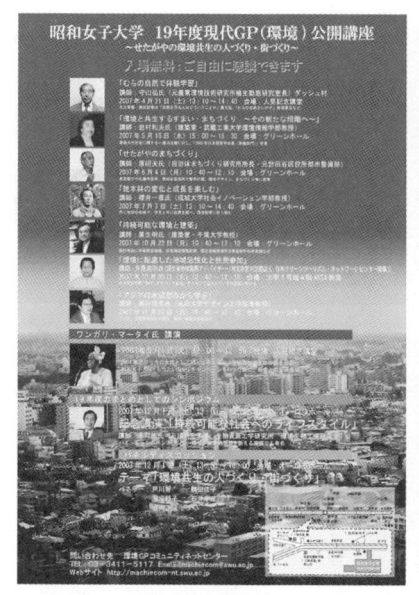

第2章　高等教育における ESD 実践―現代 GP の事例から―　77

図2-29　公開講座ポスター
2年間の公開講座のちらしとしてデザインされたものである。

を示すことができたと考えられる。さらに、形式にとらわれることなく、一つひとつ工夫をしながらその形態を整えていくところにその存在価値があるといえる。

　この事業は3年間の継続事業であるが、初年度は認定が後半期であることから、実質2年半である。そして事業進行するための準備を考えると、最初の半年は実質的な活動はできなかった。本学ではWebサイトの構築に最初の半年をかけているので、19年度と20年度が実質活動期間となった。この事業に参加した学生は皆充実感を得ており、将来のファシリテーター、コーディネーターを目指す人材として育っていくことを期待している。最終年度を終えて、次の年度をどのように考えるかが大きな問題となっている。

　第1にWebサイトの運営や各種事業・イベントを組むためには費用がかかり、大学の予算を組まなければならないことである。つまり、GPの予算は3年間の期間限定であることに大きな問題があるし、それを越えたところでどの

図2-30　まち歩き自然観察
まちの自然観察のおもしろさは「意外性」にある。参加者はいつものまちと違った景色を見るという体験をした様である。

ように事業を実現していくかに、むしろ課題があるといえる。文部科学省のGP予算については、一つの刺激剤として期間限定で予算措置を行っていき、終了後についてはそれぞれの大学が独自に予算付けを行い、継続を考えるという方向と理解すればよいのであろう。

　またもう1つの問題は、GPを支えてきた委員が11人決まっているが、終了後は解散となることである。このGP事業が学生にとって有意義であることは誰もが認めるところであるが、推進役の委員は通常の業務に加えてこの事業を行っており、かなりの負担を強いられている。予算措置がなくなって、費用を工面しながら新規に事業を起こすということはかなりの負担となることは明らかである。そのように考えてくると、GPを短期的な資金獲得手段と考えてそこで終了して、また新たな資金獲得を考えるとした方が明快であろう。

(5) おわりに

　3年間に及ぶGPの活動は終了した。11人のコアスタッフを中心に、参加した学生たち、イベントに参加した市民の人びと、それに協力してくれた世田谷の行政を含めた各種団体、世田谷の農業者の方々、それに全体的にバックアッ

プしてくれた大学と大学の教職員等多くの人たちの協力を得てこの事業を遂行できたことに対して、この紙上で感謝申し上げる。

3年間に、持続可能な社会につながる環境教育を目指した各種教育の場を提供できたと認識しているし、今後この事業を契機として新しい教育の

図2-31　ウェブサイト・トップページ
せたがやの環境共生の人づくり・街づくりのテーマとしてケヤキの葉をあしらったこの図柄は各種イベントのチラシ、リーフレットあるいは報告書の中にテーマとして取り入れられている。また、「けやき」はせたがやの木でもある。

形式へと転換していくのではと考えている。この報告が何らかの指針となることを望んでやまない。

4．共通教育で ESD 指導者を育てる

（1） 愛媛大学環境 ESD カリキュラムの概要

　愛媛大学では、平成18年度から文部科学省現代GP採択事業「瀬戸内の山〜里〜海〜人がつながる環境教育─大学と地域との相互学び合い型環境教育指導者育成カリキュラムの展開─」の中で環境ESD指導者の育成を目指したHESD（持続可能な開発のための高等教育）カリキュラムを展開してきた。愛媛大学の取り組みは、人間社会から自然環境、地域から地球規模にまたがる広い実践体系を包括する環境教育を展開するのに必要な要素を兼ね備えている、瀬戸内の多様な自然環境、歴史、文化と人材を生かし、山〜里〜海〜人が空間的にも時間的にも「つながる」活動を通じて、持続可能な社会づくりを担うことのできる環境教育指導者の育成を目標としている。

　事業開始直後の平成18年10月に、初年次科目を開講している共通教育科目の中に愛媛大学環境ESD指導者養成カリキュラム（以下、愛媛大環境ESDカリキュラム）を新たに構築し、開講した。カリキュラムは、環境ESDの理

論や地域から地球規模の自然環境、社会、経済の諸問題を学ぶことのできる講義と、フィールド調査や受講生企画による公開講座の開催などの実践講義とで構成される。必要な単位を取得した修了生には、愛媛大学教育学生支援機構長名による環境教育指導者資格を認定する。カリキュラムは、NPO との連携、社会人聴講生の受け入れ、公開講座の実施などを通して、大学と地域が交流しながら進行する相互学びあい型カリキュラムとして展開してきた。資格認定後のフォロー体制も整備し、認定者の継続的な活動を支援し、持続可能な社会づくりを推進することをめざしている。

取組では、カリキュラムを実践しながら内容を改善していくトライ・アンド・エラー方式を採用しながら展開してきたことに最大の特徴がある。実際の取組を通じて、カリキュラムの内容や実施体制そして受講生や地域とのニーズマッティングなどにおいて様々な課題が示された。同時に、大学がカリキュラムを通じて地域とつながり、持続可能な社会づくりに貢献するしくみは、持続可能な社会づくりを展開する他の活動に加えて新たなしくみを提示することにもつながったと考えている。以下、愛媛大学の取組について説明するとともに、3年間の取組を経て得られた成果と今後さらに持続的にカリキュラムを展開する上で提示された課題について紹介する。

(2)「つながり」を意識したカリキュラムの理念

取組開始3年を経て、カリキュラムで育成する愛媛大学環境 ESD 指導者が ESD 活動を通じて社会に果たす役割を明確にした。カリキュラムで育成する環境 ESD 指導者は、「様々な事象のつながり（連関性）を理解し、当事者間のつながりをつくり、自らと社会の変革に寄与する人を育成する」ことを ESD の最大の目標として活動すると位置づけた（図 2-32）。

上記目標を達成するために活躍する愛媛大学環境 ESD 指導者像は以下の通りである。

① 自然環境、社会・文化と経済の3つの視点に立って俯瞰的に現状をみる力を育成する（ESD の基本的な視点）
② 自ら地域に出向き、地域から地球規模の環境の諸問題について自ら気づ

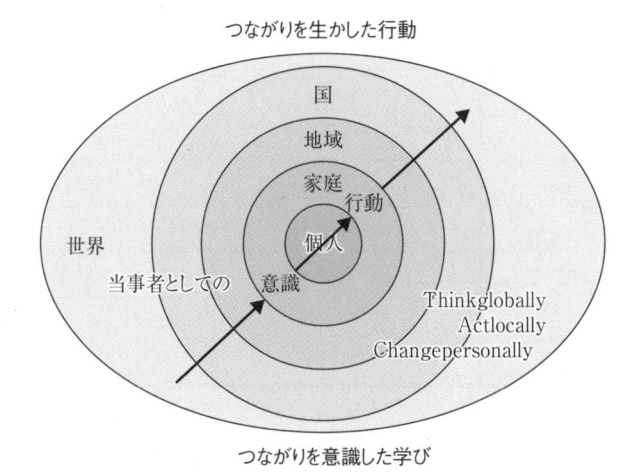

第 2 章　高等教育における ESD 実践―現代 GP の事例から―　*81*

図2-32　愛媛大学環境ＥＳＤ指導者の目標は「つながりを意識した
学びとつながりを生かした行動」にある

　　く能力を育成する（課題発見能力の育成）
③　グローカル精神に基づき、その問題についてさまざまな方向から考察して問題の解決に取り組むことのできる知識と技能を育成する（問題解決能力）
④　地域のさまざまな意志決定レベルを通して問題を解決しかつ新しい価値を創造することに積極的に働きかけることのできる態度を育成する（社会参画意識の育成）

　本カリキュラムでは、環境 ESD を通じて構築する社会のイメージを世代内・世代間・種間の公正が保たれながら自然環境、社会文化、経済が持続的に発展する社会だと説明してきた。この持続可能な社会のイメージは一般的に ESD が目指す社会像を提示する時に使用されている。しかし、これまでの取組の中で、なかなか持続可能な社会のイメージをつかみにくいといった感想が多々あった。そこで、現在は new economics foundation（nef 2009）が提示する各国の人生幸福度（Happy Life Years: HLY）とエコロジカルフットプリント（EFP）とをプロットした関係図を示しながら、目指すべき持続可能な社会の数値目標を提示している（図 2-33）。図から、人生幸福度が消費の指標

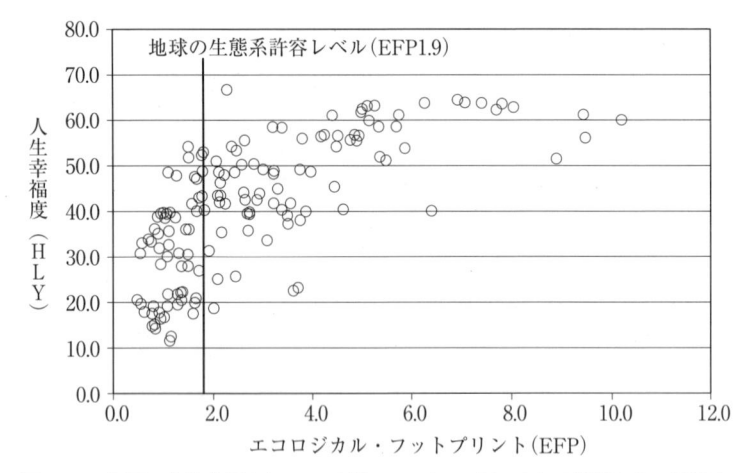

図2-33 各国の人生幸福度とエコロジカルフット・プリントとの関係から、愛媛大学環境ESDカリキュラムが目標とする持続可能な社会はHLY60以上、EFP1.9以下の領域にある（nef2009掲載データより著者作成）

であるEFPに伴って比例級数的に高まるのではなく、約60 HLYで頭打ちになることを確認できる。ここから、HLY 60以上、地球の生態系許容範囲であるEFP 1.9以下を満たすレベルを持続可能な社会の数値目標として提示している。

　以上の理念を念頭に、カリキュラムでは指導者になるために自然科学、人文科学および社会科学を俯瞰的に学習する。知識よりも体験を重視し、フィールドワークを主体とした講義の体系を組んでいる。フィールド活動では、地域と積極的につながりながら地域づくりに直接結びつく活動を目指している。

　大学が全学的に展開するカリキュラムにあっては、大学の教育理念と呼応したカリキュラム目標の提示が重要である。愛媛大環境ESDカリキュラムの目標は以下に示す愛媛大学の教育理念に呼応して設定されている。

　　愛媛大学は、豊かな創造性、人間性、社会性を備え、次代を担う自覚と誇りをもつ優れた人材を社会に送り出すことを最大の使命としている。この使命を果たすために、学生中心の大学づくりに努めながら、多様な個性と資質を有する学生を広く受け入れ、入学から卒業・修了までの過程で学生が広い視野を身につけ、自ら学び、考え、実践する能力を習得できる教育体制と環境を整備することを目標としてい

る。具体的には、愛媛大学は、地域・環境・生命の３つの主題に関連する教育に力点を置き、地域の現場から問題を発見し解決策を見いだす能力を養うために、フィールドワーク、インターンシップ、ボランティア活動等の実体験型教育を最重要目標として推進している。さらに、人文科学、社会科学、自然科学の幅広い分野の成果とその限界が理解できる総合的な教育を実施し、地球環境問題や生命倫理等の現代的課題に対して広い視野と論理的思考に基づき客観的に判断できる能力を養成することを目指している。

本カリキュラムは、愛媛大学に在籍する学生として身につけるべき素養を反映したカリキュラムとして重要な役割を果たしてきたといえる。

（3） カリキュラムの仕組み

愛媛大学のカリキュラムは、全国で展開する環境人材育成カリキュラムの中でも一般教養課程で展開される先駆的な取組として位置づけられている（環境省資料「環境人材育成を実践している国内の大学・大学院の具体例」、http://www.env.go.jp/council/34asia-univ/y340-02/mat01.pdf）。カリキュラムは、事業開始後に新たに開講した４つの講義、「持続的発展可能な社会のための学び－ESD」（2単位）、「環境ESD指導者養成講座Ⅰ・Ⅱ」（各4単位）、「環境ESD指導者演習Ⅰ・Ⅱ」（各2単位）に加えて、共通教育で開講されている共通教育科目および学部で開講されている専門科目の中からESD認定科目として推薦する科目それぞれ6単位、および10単位とで構成される（図2-34）。

現在、大学においては生活、社会、自然、すべての領域における学生の体験不足が顕著になり、これに伴って物事に対する好奇心の低下や、問題発見能力、問題解決に必要な応用力の欠如が見られる。これまで愛媛大学附属演習林で実施してきた農学部専門科目「生物資源科学実習ⅠB」（必修）における学生の行動からは、野外体験の不足が顕著に表れている。さらに、野外体験活動の不足が顕著な学生の多くは、社会体験・生活体験についても乏しいという傾向がある。これら一連の体験不足は学生の、社会問題を発見する能力、コミュニケーション能力、進路を決定する力、学習動機の低下、自信喪失あるいは過信などにも深刻な影響を与えていると考えられる。現在の大学教育には、座学

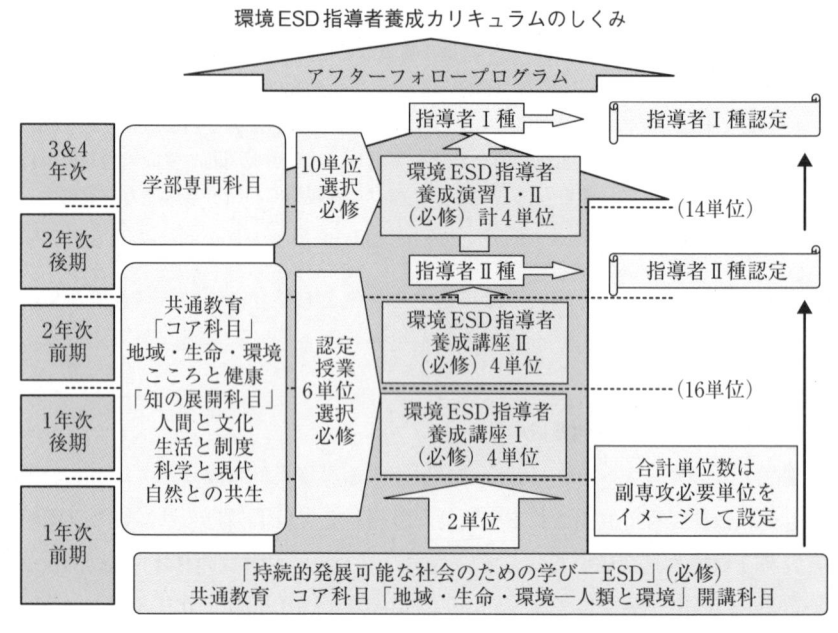

図2-34 愛媛大学環境ESDカリキュラムのしくみ

から得た知識に偏った教育から脱却し、本取組のように実践を通して自然、経済、社会問題について自ら把握し、考え、解決することのできる実践を重視したフィールド教育カリキュラムが必要とされている。直面する問題を改善するために、愛媛大学環境ESDカリキュラムでは初期の段階でフィールド体験重視のカリキュラム設計を行った（図2-35）。

　カリキュラムでは、学生が環境ESD活動を展開する上で必要となる実践的なスキルの向上を目的にインターシップ制度を組み入れた。インターンシップは、環境ESD指導者養成演習の中で実施される。学外でインターンシップ（60〜90時間×2回）を行うことが「愛媛大学環境ESD指導者I種資格」の要件となっている。インターシップを通じて、受講生が学外のNPOなど「持続可能な社会づくり」を実践している団体に身を置きながら、自ら地域の課題を発掘し、それを解決するための「学びの場」をつくる企画・立案や、組織の運営などに関わる実践力、強いモチベーションを養うことを目指した。

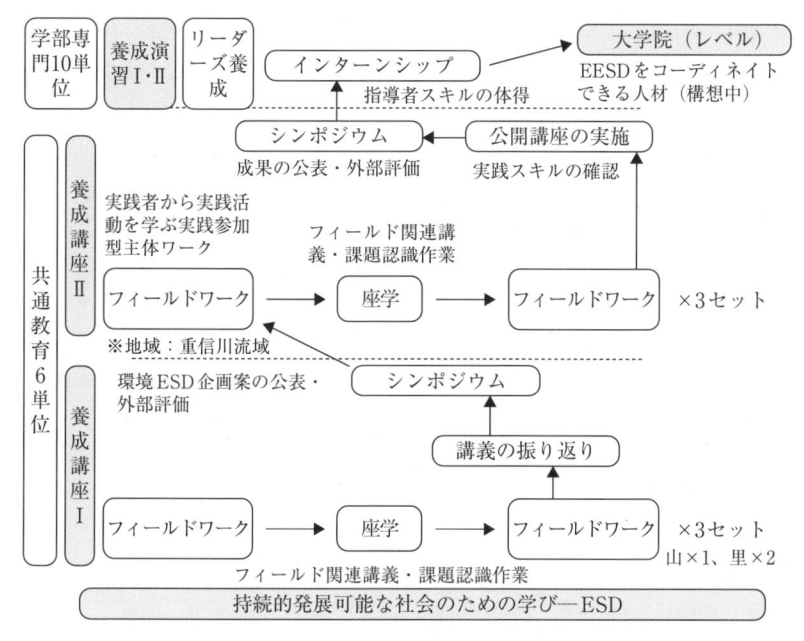

第2章　高等教育におけるESD実践—現代GPの事例から—　85

図2-35　愛媛大学環境ESDカリキュラムの流れ

　現在多くの大学で展開されているインターンシップは、受け入れ先に無償で依頼する会社などでの「就業体験」を重視している。愛媛大学環境ESDカリキュラムでは受動的な体験だけでなく、ESD実践者の熱い思いに触れる機会をつくり、そしてインターンシップそのものが参加する側と受け入れる側とがESDについて相互に学び合える形になることを強く意識した。インターンシップは、「活動計画」→「活動日誌」→「報告会」→「自己評価」というプロセスをつくり実施してきた。目標を立て、活動を振り返り、分析すること、さらに受け入れ先の担当者と対話することや報告会で他の人に伝えて共有することを通して、体験がどのような意味を持つものであったかを再認識し、自分のものとできるように組み立てている。

　本取り組みでは、シニア世代を中心に社会人聴講生を受け入れることにも特徴がある。カリキュラムは、持続可能な社会の構築に活躍することのできるシニア世代のリカレント教育という役割においても大きな意義がある。さらに、

大学初年時の学生にとっては、社会人の存在が刺激となり、授業への参加動機が高まったという利点もあった。しかしながら、カリキュラムを大学初年時の学生向けに設計せざるを得ない面があったことから、経験、知識共に豊かな社会人にとっては内容に物足りなさを感じることも多かったようである。今後の課題としては、リカレント教育にも十分に対応することのできる大学院レベルのカリキュラムの構築が挙げられる。

カリキュラムでは、全学の教員の参加と、全学部の学生を受講対象としており、スケジュール調整、課題の提示と収集、成績評価などが煩雑になり、その管理運営に苦労することが多かった。そこで現在、e-Learning システムの一つである"moodle"を授業関連情報の周知、成果物の提出と評価、そして参加教員との情報のやりとりに積極的に活用している。

以下、授業ごとに授業の目的と到達目標、そして実績について示す。

1) ESD－持続発展可能な社会づくりのための学び（2単位）

本科目は、事業開始2年目の平成19年度に、共通教育の教養科目、教養コア科目区分「地域・生命・環境」の中の「人類と環境」に分類される授業として位置づけて開講された。平成21年度からは、同教養コア科目区分「地域・生命・環境」の中に新たに「持続可能な社会づくり（ESD）」として頭出しをして開講することとなった。当講義は愛媛大学環境ESD指導者（初級）資格取得のための必須科目であり、社会人が受講できるように夜間18:30～20:00に開講している。

① 授業の目的

持続可能な社会づくり（SD）につながる環境教育活動の企画に生かすために、地球環境問題の現状を学び、自然・社会文化・経済の視点から持続可能な社会の具体的なイメージを考える。

② 到達目標

i) 現在の持続的ではない状況とその構造（しくみ）について、自然・社会文化・経済の視点から説明できる。

ii) 持続可能な社会の具体的なイメージを自然・社会文化・経済の視点から説明できる。
iii) 持続可能な社会を構成する人種・文化・生物の多様性を理解し、説明することができる。
iv) 持続不可能を可能にするために必要不可欠な教育のあり方について説明することができる。

③ 授業の実績
(第1期：平成19年度) 教員3名が常に担当するチームティーチング講義。1年次前期、毎週木曜日 18:30 〜 20:00、15回開講。受講生112名 (1期生、2期生同時開講)
(第2期：平成20年度) 教員3名が常に担当するチームティーチング講義。1年次前期、毎週木曜日 18:30 〜 20:00、15回開講。受講生61名 (3期生)

2) 環境ESD指導者養成講座Ⅰ (4単位)

本科目は、事業開始1年目の平成18年度に、共通教育の教養科目、知の展開科目区分「自然との共生」の中の「自然との共生」に分類される授業として位置づけて開講された。平成21年度からは、同主題別科目区分「科学と現代」の中に新たに「環境ESD」として頭出しをして開講することとなった。当講義は愛媛大学環境ESD指導者 (初級) 資格取得のための必須科目であり、社会人が受講できるように夜間 18:30 〜 20:00 および土曜日 9:00 〜 17:00 に開講している。本授業は、ESDの基礎を学んだ学生で環境ESD指導者を目指す学生向けにフィールド体験型授業を重点的に提供し、実体験を通じて現状を把握する能力と問題解決に結びつく環境ESDのあり方について学ぶ講義となっている。

① 授業の目的
i) 持続可能な社会づくり (SD) に主体的に参画するために、現代の地域および地球が抱えている自然、社会文化、経済、人権の諸問題について現状を認識する。
ii) 瀬戸内の山〜里〜海と人とのつながりを意識した体験をしながら、問題解

決に結びつく環境 ESD（持続可能な社会づくりのための環境教育）の基礎を学ぶ。

② 到達目標
i) 環境 ESD の理念・現状・課題について説明できる。
ii) 環境 ESD に関わる問題を 4 つ以上説明できる。
iii) 環境 ESD に関わる問題をクリティカルに分析し、環境倫理に基づいて対処する方法を説明できる。
iv) フィールドワークにおいて観察・取材した情報を正確に記述できる。
v) さまざまなフィールドの状況に応じて安全かつ適切に活動することができる。
vi) 他者と協調してグループワークを進めることができる。
vii) コミュニケーション能力を現状よりも向上させる。

③ 授業の実績
（第 1 期：平成 18 年度）山・里（都市）・海および自然・社会文化・経済を専門とする学内外講師による講義および実践講義をオムニバス形式にて実施。12 月および 3 月の休業中にそれぞれ 4 日間（8:30 ～ 16:10）の集中講義および 1 ～ 2 月のフィールドワークで構成。（受講生 65 名）

（第 2 期：平成 19 年度）山・里（都市）・海および自然・社会文化・経済を専門とする学内外講師による講義および実践講義をオムニバス形式にて実施。それぞれ 1 年次後期に毎週木曜日 18:30 ～ 20:00、および毎週土曜日終日、それぞれ 15 回開講。（受講生 25 名）

（第 3 期：平成 20 年度）山・里（都市）・海および自然・社会文化・経済を専門とする学内外講師による講義および実践講義をオムニバス形式にて実施。それぞれ 1 年次後期に毎週木曜日 18:30 ～ 20:00、および毎週土曜日終日、それぞれ 15 回開講。（受講生 25 名）

3) 環境 ESD 指導者養成講座 II（4 単位）

本科目は、事業開始 2 年目の平成 19 年度に、共通教育の教養科目、知の展開科目区分「自然との共生」の中の「自然との共生」に分類される授業として位置づけて開講された。平成 21 年度からは、同主題別科目区分「科学と現代

の中に新たに「環境 ESD」として頭出しをして開講することとなった。当講義は愛媛大学環境 ESD 指導者（初級）資格取得のための必須科目であり、社会人が受講できるように土曜日 9:00 ～ 17:00 に開講している。本授業は、愛媛大学環境 ESD 指導者 II 種資格の認定を目前に控え、実体験を通じた指導者スキルの修得に主眼を置いて開講している。

① 授業の目的
i) 環境 ESD（持続可能な社会づくりのための環境教育）活動の企画、実施、評価の手法について、必要な知識を学んだ上で実践を通して体得する。
ii) 環境 ESD 活動を効果的に実施するために、環境 ESD 対象者について学ぶ（ニーズを学ぶ）
iii) 環境 ESD 活動を効果的に実施するために、企画実施に活用することのできる国内外の具体的な実施事例について実践を通して学ぶ（シーズを学ぶ）。
iv) 環境 ESD 活動を安全に実施するために関連法規と医療・救急救命技術を含む安全対策について学ぶ。

② 到達目標
i) 環境 ESD を安全に実施するための関連法規・医療を説明できる。
ii) 環境 ESD を安全に実施するための救急救命技術を実践することができる。
iii) 環境 ESD につながる具体的な活動事例を 5 つ以上説明することができる。
iv) 環境 ESD 対象者ごとに効果的なの環境 ESD の企画を立案することができる。
v) 環境 ESD の企画、実施、評価について必要な知識を説明し、実践することができる。
vi) フィールドワークにおいて観察・取材した情報を正確に記述できる。
vii) 収集した情報を適切な方法で発信することができる。
viii) 環境 ESD に関わる問題をクリティカルに分析し、環境倫理に基づいて対処する方法を説明できる。

③ 授業の実績
（第 1 期：平成 19 年度）環境 ESD 指導者の実践に必要な理論と実践スキル

の学習。また、海に関する知識と実践学習。学内外講師による講義および実践講義をオムニバス形式にて実施。毎週土曜日終日15回開講。(受講生33名)

(第2期:平成20年度) 環境ESD実践事例の蓄積と実践に必要な理論に関する学習。また、海に関する知識と実践学習。学内外講師による講義および実践講義をオムニバス形式にて実施。毎週土曜日終日15回開講。(受講生18名)

4) 環境ESD指導者養成演習IおよびII(各2単位)

本科目は、事業開始2年目の平成19年度に、共通教育の教養科目、知の展開科目区分「自然との共生」の中の「自然との共生」に分類される授業として位置づけて開講された。平成21年度からは、同主題別科目区分「科学と現代」の中に新たに「環境ESD演習」として頭出しをして開講することとなった。当講義は愛媛大学環境ESD指導者(初級)資格取得のための必須科目であり、環境ESD関連団体でのインターンシップを行う。当講義は、受け入れ団体と愛媛大学環境ESDカリキュラム運営組織が協議を行い、社会人も受講できるように、休日や休業期間中に弾力的なスケジュールで60時間のインターンシッププログラムをデザインしている。本授業は、愛媛大学環境ESD指導者I種資格の認定を目標に、現場での実体験を通じた指導者スキルの習得に主眼を置いて開講している。

① 授業の目的
i) 環境ESD(持続可能な社会づくりのための環境教育)に関連する活動を行っている諸団体等でのインターンシップを通じて、企画運営に関する実務を学ぶ。
ii) 持続可能な社会づくりを意識した活動を体験しながら、地域に密着した人的・物的資源を発掘する。
iii) 環境ESD指導者II種を取得するまでに学んだ知識と経験を、インターンシップ先の活動を通じて、地域社会に還元する。

② 到達目標
i) インターンシップ先に期待されている実務を遂行することができる。
ii) 地域のニーズや課題を発見し、考察することができる。
iii) 対象者に応じて、持続可能な社会づくりについて効果的に伝達することができる。
iv) 地域の人との交流を通じて、人的ネットワークを積極的に拡大することができる。
v) 自らの専門性について、持続可能な社会づくりとの関係と活用方法を説明することができる
vi) 環境 ESD に関わる活動を主導して実施することができる。

③ 授業の実績
・西条石鎚ふれあいの里（担当：山本貴仁） H19 後期 2 名、H20 前期 2 名
・特定非営利活動法人　愛媛生態系保全管理（担当：小沢潤） H19 後期 3 名、H20 前期 2 名
・特定非営利活動法人　えひめグローバルネットワーク（担当：竹内よし子） H19 後期 1 名
・まつやま NPO サポートセンター（担当：近藤美由紀） H19 後期 3 名
・特定非営利活動法人　ODA の木協会（担当：高本師津雄） H20 前期 1 名、後期 1 名
・特定非営利活動法人　自然と共に生きる会（担当：相原俊雄） H20 後期 2 名
・特定非営利活動法人　黒潮実感センター（担当：津戸） H20 後期 2 名
・特定非営利活動法人　ひろしまね（担当：小田博之） H20 後期 1 名
・じゅうみん株式会社　四万十ドラマ（担当：井上登） H20 後期 2 名
・株式会社　わかたの村（担当：坂根憲昭） H20 後期 1 名

（4） 資格の認定
　本取り組みでは、カリキュラムの修了生に対し、環境 ESD 指導者としての資格認定を行うことに特徴がある（図 2-34）。大学 1・2 回生を対象とした学

生生活初期段階の共通教育課程の中に、この資格認定のしくみを組み込んだ意義は大きい。資格認定では、必要な単位として、指導者養成講座Ⅰ・Ⅱとは別に共通教育で開講されている他の科目の単位取得を要件としている。このことは、学生が資格認定に必要な単位を能動的に選択することを促し、結果として学生の講義への参加動機の向上につながった。

指導者資格は、Ⅱ種資格と、その上級資格であるⅠ種資格に区分され、それぞれの資格の有効性は次のとおりである。

① 愛媛大学環境ESD指導者Ⅱ種資格

　　本資格は、各種環境ESD活動において環境ESDに関する知識・技術の付与並びに環境ESD活動に関する助言または指導を行う指導者として活動するときにその有効性を持つ。

② 愛媛大学環境ESD指導者Ⅰ種資格

　　本資格は、各種環境ESD活動を主導的に企画・運営・評価し、環境ESDに関する知識・技術の付与ならびに環境ESD活動に関する助言または指導を行う主指導者として活動するときにその有効性を持つ。

資格認定に必要な規則として、「愛媛大学環境ESD指導者資格の認定に関する要項」および同申し合わせを作成した。愛媛大学環境ESD指導者資格の取得に係る必修科目は、共通教育センターに置く第8部会（環境教育指導者養成分野）において企画する。指導者資格の取得に係る選択科目は、各学期の初めに、愛媛大学で開設される授業科目の中から第8部会が選定する。

なお、社会人受講生については、出身大学で取得した単位および社会経験を積極的に活用する方針をとる。「機構が適当と認めた単位」として、第8部会が認定の原案を作成し、共通教育センター会議がその審査を行う。指導者資格およびその証書の授与については、センター会議の議決を経て、共通教育センター長の申し出に基づき、教育・学生支援機構長がこれを授与する。

これまで2期にわたって実施してきたカリキュラムの中で必要な単位を修め、指導者資格を取得した学生の人数は、指導者Ⅱ種が44名、指導者Ⅰ種が10名である。

（5） カリキュラムの運営組織

本事業で展開する愛媛大学環境ESDカリキュラムは、共通教育の中で開講する科目であることからその運営については愛媛大学教育学生支援機構・共通教育センターに置く（図2-36）。共通教育センターでは、カリキュラムの運営に関わる事項を審議するために部会を置いており、本カリキュラムについては第8部会「環境教育指導者養成分野」が運営母体として組織された。第8部会委員は全学の部局から任命し、①指導者資格の認定、②授業の認定（共通教育・学部教育）の選定、③社会人科目等履修生の募集受付、④受講ガイダンス、⑤実習先選定、実施までの交渉、移動手段の確保、⑥担当教員とのスケジュール調整、⑦インターンシップ先との調整などを行う。メンバーの選出にあたっては、ESDの基本的な視点である、自然環境、社会文化、経済そして、地理的に網羅する範囲である、山、里（川）、海そしてグローバルの各分野を

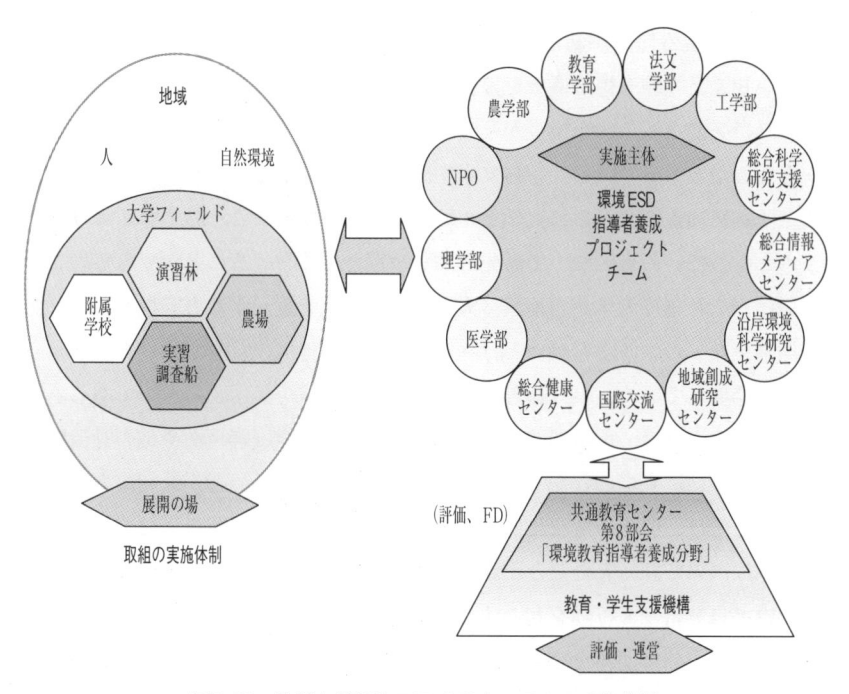

図2-36　愛媛大学環境ESDカリキュラムの実施体制

専門とする教員をバランス良く起用することに務めた。第8部会の部会長は上位組織である教育学生支援機構の機構長が就き、トップダウン方式で第8部会が企画立案した事項を全学的に展開するしくみを設けた。

カリキュラムでは、第8部会構成委員に加えて、講義の内容に応じて協力教員をつのり、主としてオムニバス形式で展開してきた。協力教員には、学外講師も含まれる。カリキュラムの作成にあたっては、拡大第8部会を開催し、第8部会構成委員に加えた上記の協力教員も参加する中で企画運営を行った。構成委員には、取組開始以前からESDについて学んできた勉強会の地元NPO団体などのメンバー、大学の教育改革について議論してきたメンバーが含まれる。

(6) 事業開始から3年間の成果と課題

愛媛大学環境ESDカリキュラムでは、学生が進学先の専門分野関連科目の選択に傾倒する傾向がある中で、環境、経済、社会など専門分野を横断する幅広い知識と経験を得る機会を提供するカリキュラムであり、持続可能な社会づくりに必要な多角的な視点が反映された教養を養うことができるカリキュラムとなったと考えている。さらに大学囲い込み型の講義の形をとらず、地域開放型講義に加えて、さらに大学と地域が相互に学びあうことのできるカリキュラムとなっている点についても先進的な事例として挙げることができる。この取組は、これまで大学から地域へ大学の持つ資源を還元する方向性が強かった公開講座などの生涯学習機会とは異なり、大学と地域の双方が学びあいながらさらに発展していくという新たな学習機会の在り方を提示するものである。学生の成果物からは、環境問題を考える時に多様な視点（経済面や他の社会問題からの切り口、立場の異なる人）と、グローバルな広い視野が大切であるということを学び、問題の解決に向けて他者とのつながりと対話そして合意形成の大切さについて認識したことが見て取れる。そして、多くの学生が問題の解決に向けて自分自身で行動を起こすことの重要性に気づき、幾人かの学生は講義終了後に自主的に団体を立ち上げ、具体的な行動に結びつけることができている。

取組の成果はこれまで、公開シンポジウムなどを通じて積極的に学外に公表してきた。また、活動の成果をより広く一般に公開するために、e-Learning用コンテンツとして授業内容を映像アーカイブとして蓄積するとともに、Web-GISを活用してこれまでの活動を記録、公表してきた（http://ehimegis.com）。しかし、いまだ愛媛の地域社会に持続可能な社会の概念が十分に普及しているとは言い難い。また、環境ESDの指導者の参考となるべきESD手法の蓄積もいまだ十分ではなく、日本そして世界の実践事例を蓄積し、多くの実践者に公開する仕組みが求められている。これらの問題の解決にICTが大きく寄与する可能性を秘めている。

　取組を実施する中で、人的、時間的、経費的にカリキュラムを運営する上で提示された課題も多々存在する。高等教育機関である大学の教員は、常に教育活動と研究活動とのバランスに配慮しながら活動している。しかしながら、大学の教員評価システムが現状では研究成果重視に偏重している。その結果として教育活動は教員にとってボランタリーなイメージで捉えられがちである。このような状況の中で、準備と実施に多大な時間を要するフィールド重視のカリキュラムの運営に携わる教員を確保し、持続的に参加してもらうことは難しい。

　カリキュラムの内容においては、自然科学から社会科学分野を横断的に網羅する必要があるが、一方でさまざまな専門分野を含むオムニバス的講義はその内容の連続性を保つために運営部会における入念な議論の積み重ねが必要である。さらに、カリキュラムに参加する教員の中でESDの理念の共有を図ることも必要である。このことについては、大学FDシステムの中でESDに関する理解を促すしくみを設けるなどの対策を要する。

　カリキュラムを構成するフィールドワークのほとんどは、全日プログラムとなっている。このため開講時間を確保することに工夫が必要となる。特に座学を中心として大学初年次科目を展開する共通教育課程においては、平日に組み込むことは難しい。また、夜間学生、社会人受講生にも対応できるように開講時間に配慮しなければならないことが、運営をさらに難しくしている。愛媛大学では、現在では本取組以外にも、GP関連科目が立ち上がったが、特徴の

あるカリキュラムを受講する学生の中には、環境 ESD 以外の GP 関連科目にも興味のある学生が多い。ただし、GP 科目どうしの開講時間が重なることが多いため、やる気のある学生にすべての GP 科目の受講を保証できていない。学習内容の質の保証を確保する意味でも今後も開講時期や時間について、カリキュラム運営組織内、そして他の GP 関連科目運営組織との議論を深め、改善を続けていく必要がある。

　カリキュラム実施に必要な経費については、事業終了後の大学独自の予算を組み継続している。しかしながら、今後のカリキュラム運営経費についても課題がある。愛媛大学環境 ESD カリキュラムは、社会とのつながりを重視していることから積極的に学外に出向き、地域社会の関係者とともに学ぶしくみを設けている。このため、フィールドワークに伴う移動経費、学外協力者（非常勤講師、インターンシップ受入先）に支払われる謝金などが共通教育で開講されている他の講義に比べ額が大きい。今後も持続的に運営経費を確保するには、費用対効果の側面から、受講生の授業評価、大学の社会連携成果としての評価など多角的に取組を評価して実績を明示しながら学内外における存在意義を確保していく努力も重要である。

　本取組では、学生が進学先の専門分野関連科目の選択に傾倒する傾向がある中で、環境、経済、社会など専門分野を横断する幅広い知識と経験を得る機会を提供するカリキュラムであり、持続可能な社会づくりに必要な多角的な視点が反映された教養を養うことができるカリキュラムとなったと考えている。取組では、大学囲い込み型の講義の形をとらず、地域開放型講義に加えて、さらに大学と地域が相互に学びあうことのできるカリキュラムとなっている。この取組は、これまで大学から地域へ大学の持つ資源を還元する方向性が強かった公開講座などの生涯学習機会とは異なり、大学と地域の双方が学びあいながらさらに発展していくという新たな学習機会の在り方を提示することができたと考える。

5. 大学丸ごと ESD ―岩手大学「学びの銀河」プロジェクト―

(1) はじめに

　岩手大学は、2006年度から文部科学省「現代的教育ニーズ取組支援プログラム」の支援を得て、「学びの銀河」プロジェクトを開始した[11]。これは、日本の提案で国連が採択した「国連持続可能な開発（発展）のための教育の10年」（「ESD (Education for Sustainable Development) の10年」）を、日本の国立大学としてしっかり受け止め、大学に課されている教育改革の重要な部分と位置づけて推進していくものである。

　日本の大学は、1991年の大学設置基準大綱化を契機に、多くが教養部を廃止し、個性化・多様化・専門化を競ってきた。それに少子化による受験生獲得競争が拍車をかけ、結果として日本の大学は、高等教育機関にとっては"いのち"である**普遍性への指向性**を弱体化してきたように思われる。

　中教審答申「我が国高等教育の将来像」(2005) は、それを「度重なる規制改革の中での『大学とは何か』という概念の希薄化」と表現し、「我が国の高等教育は危機に瀕している」と述べている[13]。個性も多様性も必要だが、その前に「高等教育は、21世紀の人類と地球のために何をするのか」という普遍的な問いに、大学は答えられなければならないはずである。この反省から、2008年12月に出された中教審答申「学士課程教育の構築に向けて」は、「我が国の学士課程教育は、未来の社会を支え、より良いものにする『21世紀型市民』を幅広く育成するという公共的な使命を果たし、社会からの信頼に応えていく必要がある」と述べている[14]。

　「学びの銀河」プロジェクトは、この答申を見越して、ESD をすべての教養教育科目に織り込むと同時に、ESD を要（かなめ）として教養教育と専門教育を「T」字型に結合することで、「21世紀型市民」の育成に大学を挙げて取り組んでいくものである。換言すれば、「大学丸ごと ESD」である。

　この取組は、岩手大学における教養教育改革が起点となっていた。そこで以下では、まず、岩手大学が「学びの銀河」プロジェクトに取り組むことにした

経緯を述べたのち、取組の内容について述べ、最後に成果と今後について述べることとする。

（2） 岩手大学における教養教育改革

　岩手大学は、2004年度の法人化と同時に大学教育センターを設置して、全学共通教育の改革を開始した。その主要な目的は、教養教育「軽視の風潮」に抗して、全学の教員の「関心・責任・協力の体制」によって教養教育を再構築することであった。

　すでに2000年には、全学改組の一部分として各学部が全学共通教育の一部を分担することや、各学部を母体に環境教育科目を開講して必修化することなど、教養教育改革はスタートしていた。今回の改革はこの方向をさらに進め、大学教育センターを中核に全学体制をより実行あるものにすることであった。

　この課題を明確にする契機となったのは、2002年度に大学評価・学位授与機構から受けた「教養教育に関する試行的評価」である。自己評価書をまとめる中で、1974年に大学が掲げた「人間的教養人と専門人の育成の調和」という理念が再確認され、「全学的に共通の関心と責任・協力のもとで」「教養教育の実質化に取り組む」という課題が自覚された[15]。

　しかし、2005年3月に大学教育センターがまとめた改革案には、学内から強い反発が寄せられた。それは主に授業担当の負担増を問題とするものであったが、その根底にはやはり多くの教員が抱いていた教養教育の意味や効果に対する懐疑の念があった。

　希望を持って大学に入学したが、一般教養の授業には興味が持てず、専門に進んで初めて面白いテーマが見つかって、そのテーマに一心不乱に打ち込んでいたら、いつの間にか大学教員になっていた。このタイプの大学教員が特に理系に多いように思われる。このためか、大学教員は一般に教養教育の意味や効果に懐疑的で、学生のモチベーションは専門に進んで初めて引き出せると信じているところがある。

　しかも、「全入時代」が近づくにつれて、こうした考えは教員の間で強まる傾向にある。なぜなら、豊かな教養がエリートの証であった時代は過去とな

り、大衆化した大学で学ぶ学生は資格や就職に直接つながる専門教育を指向し、現実社会との関連が見えにくい教養教育への関心は低下する傾向にあるからである。そこには、日本の大学の教養教育における宿痾的とも言える2つの問題が潜んでいる。つまり、教養教育科目が現実の社会とどのようにつながるのか、受講する学生に極めて見えにくいという問題である。さらには、一つひとつは興味ある授業でも科目間の関連が見えず、結果として知識の断片にとどまり、全体として何を目指しているのか、授業担当の教員にも受講学生にも見えていないという問題である。

「全入時代」の学生に対して、専門学部に所属する教員が分担して担当する教養教育を考えたとき、上記の問題に対する打開策が示されなければ、十分な改革が期待できないことは明白である。

(3)「ESD という旗印」の提案

この打開策として、岩手大学では 2005 年 6 月に学務担当理事室から「**ESD という旗印**」が提案された。これは、柴田翔氏の「現代教養教育の原点と貢献」[16] という講演から一つの示唆を得たものだった。その中で柴田氏は、教員が個々に学生の興味を引き出す努力を行ったとしても、結局、教養教育が「その先で、どういう一つのものにまとまっていくのか、それが見えてこない」(p.13) と、現状の問題を「教養教育のカルチャーセンター化」であると指摘した。その上で、大競争時代にある大学は教育についても「旗印」が必要であるとして、「今後の教養教育もまた有力な旗印だろう」(p.14) と述べていた。

それでは、岩手大学の教育はどんな旗印を掲げればよいのか。着目したのは、教育目標の1つである「環境問題をはじめとする複合的な人類的諸課題に対する基礎的理解力」である。というのも、そこには、明確な普遍性と現代性があった。2000 年度から開講した環境教育科目は、この目標を意識したものであるが、それに各学部が協力した理由もその普遍性と現代性のゆえであった。

しかも、「複合的な人類的諸課題」は環境問題だけでなく、さまざまな問題が相互に関連し合っている。そのような「複合的な人類的諸課題」についての

適切な知識を持ち、行動できるような人材こそ、21世紀が求める地球市民なのではないか。裏を返すと、21世紀が求める市民の育成こそ、大衆化した時代の大学教育が果たさねばならない最重要な役割である。

ここから、この年に開始された「国連持続可能な開発のための教育の10年」（以下、ESDの10年）を岩手大学として積極的に受け止め、それを教養教育の旗印とする提案となった。そこには飛躍があるように見えるかもしれないが、決してそうではない。

なぜなら、「複合的な人類的諸課題」の解決を一言で表す言葉がSustainable Developmentに他ならないからである。それは、1970年代からの各種の国際会議を経て1992年のリオ地球サミットで確認され、しかもそのためには教育が重要であることも行動計画（「アジェンダ21」第36章）で強調されていた。

「国連ESDの10年」は、このような世界の動きを発展させて、2002年のヨハネスブルグサミットで日本政府と日本のNGOが共同提案したものであり、同年の国連決議も日本が代表となって提案したものである[17]。平和憲法を持つ日本が世界で名誉ある地位を占める上で、教育の分野は最も相応しい分野である。日本の教育機関の一つとして、岩手大学がその一翼を担うのは当然の責務である。

また、「国連ESDの10年」は「持続可能な開発の原則、価値観、実践を教育と学習のあらゆる側面に組み込むこと」を目標に掲げている。つまり、ESDは特定の専門分野が担う課題ではなく、すべての分野が教育に織り込んでいくべきものである。

これは、各学問分野をディシプリンに基づいて並列させてきたこれまでの教養教育の考え方と根本的に異なるものである。そもそも、「複合的な人類的諸課題」は、その名のとおり複雑に絡み合った問題であり、多数の分野の協働が不可欠である。人文科学であろうと、自然科学であろうと、無関係ではあり得ない。であれば、持続可能な社会という共通の目標に基づいて、各授業科目も何らかの関わりを持って、互いに結びついていかなければならない。

ESDが価値観を重視しているのもこのためである。価値から自由となるこ

とで、好き放題に専門化、細分化を遂げてきた科学に対する反省である。実は、岩手大学は「高い倫理性」という教育目標を掲げていることから、卒業生である宮沢賢治の宇宙感覚を教養教育の全体に反映させたいと考えていた。それならば、宮沢賢治を地域に根ざしたESDの価値観として教養教育のコアに位置づけ、世界のESDに対して発信していくべきではないかというのが提案の趣旨であった。

（4）提案への反応

この提案に対して、学長が先頭に立って推進を表明したことは、その後の学内合意を考える上で決定的であった。岩手大学の教養教育は「幅広く深い教養と総合的な判断力を培い、豊かな人間性を涵養する」を理念として掲げていた。しかし、それは大学設置基準の条文そのままであり、抽象的でもあった。それに対して、平山健一学長（当時）は、「学生の行動につなげる教養教育理念の具体化」が必要であり、その意味でESDは岩手大学における「教育研究の大多数の取組と方向性が一致」していると、提案への強い支持を表明した[18]。

それもあって、学内からは積極的支持はあっても、強い反対はなかった。しかし、それは教養教育自体に対する学内の関心が大きくなかったことの反映かもしれない。それでも、いくつかの重要な反応があった。

その第1は、「開発」という言葉への反発である。これは、ESDの政府公式訳が「持続可能な開発のための教育」となっていることに対して、「開発」のイメージが環境破壊を連想させるという意味で、developmentを「開発」と訳すべきではないというものである。

小中高の教科書ではすでに「持続可能な開発」が一般的に使われているとはいえ、一定の年代以上の教員には抵抗感が強いことから、日本語としては「持続可能な社会」や「持続可能な未来」を使うという工夫をしていくこととなった。

第2の反応は、イラク戦争を巡る国連とアメリカとの関係など、国連の提案に従うことは教育に政治を持ち込むことにならないかという危惧である。これに対しては、ESDが1992年のリオ地球サミットや191カ国が集まったヨハ

ネスブルグ「持続可能な開発サミット」(2002) で合意された人類的課題であること、その推進機関はユネスコであること、また日本国内でも環境教育や開発教育などのNGOが発案者であることなどを説明した。

第3は、「すべての科目に織り込む」という提起への違和感である。それは教養教育の本来的な多様性や全方位性に反して、教育を一方向へ導くことにならないかという危惧である。これが最も重要な論点と言える。

これまで、科学は学問領域を分化・細分化して領域内での理論的精緻さを追求してきた。それが、19世紀以来のディシプリン型科学である。これに対して、現実の問題解決には複数の専門分野の協働が必要であり、ひたすら分化・細分化が進むディシプリン型科学への反省がなされてきた。科学論で言えば、現実の問題解決から発想するマイケル・ギボンズの「モード2」といった議論がそれである[19]。その意味で、すべての科学へ織り込むことを指向するESDは、こうした反省を基盤として共有しているとも言える。

しかし、ESDはディシプリン型科学を否定しているのではなく、「持続可能な社会」という、いまや人類にとって避けることのできない普遍的な課題に対する諸科学のネットワークを提案したものである。したがって、それぞれの分野や担当者がどのようにESDを織り込んでいくかは、分野や担当者に委ねられている。実際、純サイエンスの数学と応用的な工学では織り込む内容が異なるのは当然である。

むしろ、ここにこそESDが教養教育を変える可能性が秘められている。教養教育の宿痾的問題は、現実社会との関連性、科目間の関連性の2つの関連性の欠如であった。これに対しては、コアカリキュラムや科目パッケージ、あるいは学術俯瞰講義など、さまざまな取組がなされてきた。しかし、そこでの関連づけには、ディシプリンに基づいた学問体系が意識されていたように思われる。それは、エリート型教養教育の時代を経てきた教える側が持つ学問体系観である。

しかし、大衆化した大学で学ぶ側が求めているのは、「現代を生きる力」であり、必ずしも学問体系ではない。またすでに高度に専門化・細分化してしまった科学を、自由選択の教養教育科目の中で体系づけることは、難しい課題

である。

　ESDが求める科目間のつながりは学問体系ではなく、現実の問題を解くために必要な分野間のネットワークである。各授業科目はネットワークへのエントリーポイントであって、学生の興味・関心に委ねてかまわない。課題はいかに学生が「持続可能な社会」という目標に向かってネットワークを広げ、知識を行動に移す能力の習得を方向づけるかである。

（5）カリキュラムの構造化と可視化

　この方向づけのために、「学びの銀河」プロジェクトでは授業科目を「4つの領域」と、「4つのタイプ」に分けることとした。領域とは、ESDで設定される環境（E）、経済（M）、社会（S）という3つと、それら全体を包含する文化（C）を加えたものである。次に「4つのタイプ」とは、「関心の喚起」（タイプ1）、「理解の広がりと深化」（タイプ2）、「学生参加」（タイプ3）、「問題解決の体験」（タイプ4）という分類である。

　岩手大学の全学共通教育は、「人間と文化」「人間と社会」「人間と自然」といった区分を持っている。それにさらに領域を加えることは煩雑なように見えるが、ESDは世界的な取組であり、国際的な通用性から言ってこの区分は必要である。それにたとえば、「人間と自然」の中でも科目によって「数理のひろがり」は文化、「生命のしくみ」は環境と、学問体系とESDの違いの理解にも寄与する。

　一方、4つのタイプは、知識を行動に移す態度を養うESDの特色を表しており、同時に内容の充実や授業改善の方向性を示すものとなっている。目安としては、1回でもESDへの関心喚起を授業に取り入れたものがタイプ1、授業の半数程度をESDの内容を取り扱ったものをタイプ2、ESDの内容についてグループ討議や発表など学生が主体的に参加するものをタイプ3、地域の具体的な問題について体験的に学ぶものをタイプ4として示した。

　表2-6は、その例示である。環境教育科目でもタイプ1とタイプ2があるのは、まだ担当者の間でESDの理解が浸透していない現状を反映している。科目名が同じで担当者が異なるとタイプが異なることもあり、この他、外国語

表 2-6　全学共通教育 ESD 科目（2007 年度）の例

区 分		授業科目名	種　別	開講期	領域・タイプ
教養科目	人間と文化	日本の文学	選択	前・後期	C-2
		哲学の世界	選択	前期	C-1
		芸術の世界	選択	後期	C-2
		倫理学の世界	選択	後期	S・C-2
	人間と社会	経済のしくみ	選択	前期	M-1
		現代社会と経済	選択	前期	M-3
		現代社会と経済	選択	後期	S・M-1
		地域と生活	選択	前期	S-2
		市民と政治	選択	後期	S-1
	人間と自然	数理のひろがり	選択	前期	C-1
		自然と数理	選択	前期	E-1
		生命のしくみ	選択	後期	E-1
		物質の世界	選択	前期	C-1
	環境教育科目	「環境」を考える	選択必修	後期	E-2
		都市と環境	選択必修	後期	E-1
	高年次課題科目	男女共同参画の実践を学ぶ	選択	集中	S-4
		都市の自然再生プランニング	選択	集中	E-4

や情報基礎、基礎ゼミなど共通基礎科目は、基本的にすべて ESD 科目としてタイプ等は表示していない。

　このようにして、授業科目に ESD の観点からマークを付け、授業科目の構造化を行って、学生が選択する際の指標を示すことがこのプロジェクトの一つの特徴である。一つひとつの授業科目を星にたとえ、学生は選択した授業を結んで星座（ネットワーク）を作ることをイメージして「**学びの銀河**」の名称は考案された。もちろん、「世界がぜんたい幸福とならないうちは個人の幸福はあり得ない」と述べた宮沢賢治の価値観を中心に置くことから、賢治の宇宙感覚も名称の根拠である。

　もう一つの取組は、高年次課題科目の開設である。高年次向けの教養科目開設は以前からの課題であった。このプロジェクトの開始を契機に、タイプ 4 の授業科目を意識的に開設することが必要となり、地域の自治体や NPO 法人と

協働して、地域の具体的問題について体験学習を含む授業科目の開設に取り組むことにした。北上川での自然体験学習を子どもたちに指導するスキルを身につける科目や、地域防災に関わる科目、森の再生に関わる科目などの開設が計画された。

2007年度に開設した「男女共同参画の実践を学ぶ」は、盛岡市の男女共同参画計画作りに加わる授業で、4つの学部の3年次、4年次生が受講した。2008年度からは「都市の環境再生プログラミング」「北上川流域学実習」「津波の実際から防災を学ぶ」など、地域の具体的課題を取り上げた授業科目が開講された。このように、専門性を身につけつつある学生が再び学部を超えて集まって、具体的な問題について学ぶ授業は、互いの専門性を尊重した上で協働する体験として期待される。

このようにして、年を追うごとに全学共通教育にESD科目を増やし、また少しずつタイプ3、タイプ4を増やしていくことで、教養教育全体が持続可能な社会づくりへ参画していける「21世紀型市民」育成のプログラムになっていくことを目指している。この担保として、『履修の手引き』に「教育目標の達成に当たっては、『国連持続可能な開発のための教育（Education for Sustainable Development：ESD）の10年』を共通に意識することに努めています」の一文が入った。

（6）3つのウイング

「学びの銀河」プロジェクトは、開始の当初から3つのウイングを広げることを目指していた。1つ目は世界の大学との連携、2つ目は国内の大学との連携、そして3つ目は地元の幼稚園から大学までの連携である。

まず、国際的な連携構築を目指して、2007年8月に「持続可能な未来のための教育」をテーマとして国際シンポジウムを開催した。シンポジウムには、韓国、中国、カンボジア、タイの4カ国から大学・政府関係者を招待して、高等教育におけるESDに焦点を当てて開催した。このシンポジウムを通じて、アジアの将来を語る時に「持続可能な開発」が共有可能な目標であることが明確となった。

その後、岩手大学国際交流センターがアジアの日本語学習者を受け入れて実施してきた 10 日間のセミナーも、ESD をコンセプトに据えて、ヤングリーダースセミナーに衣替えした。韓国、中国、タイなどからの十数人の留学生に日本人学生が加わって岩手県内のフィールドに出て、持続可能性について考える企画として毎年続いている。

　次に、国内の大学との連携のために、2007 年 12 月に盛岡でフォーラムを開催した。環境教育や ESD に取り組む国内の大学に対して、「HESD フォーラム 2007in 盛岡」への参加を呼びかけ、25 の大学に集まっていただいて、各大学の取組を交流し合った。HESD の H は higher の H で、「持続可能な開発のための高等教育」の意味である。

　このフォーラムは、環境教育や ESD に取り組む大学間の緩やかなネットワークとして、2008 年には立教大学で、2009 年には岡山大学で、2010 年には上智大学で開催され、会則も定められた。

　最後に、県内の幼稚園から大学までの連携については、2008 年 7 月に岩手県内の公立幼稚園協議会、私立幼稚園連合会、小学校長会、中学校長会、高等学校長協議会、岩手県私学協会等との連携により、「岩手県幼小中高大専 ESD サミット」を開催した。これは、環境を主要なテーマとした G8 洞爺湖サミットが 7 月に開催されるのを捉えて、県内の幼稚園から小・中・高等学校、そして大学の園長、校長、学長に、「持続可能な社会づくり」という課題の共有化と共同の取組を呼びかけたものである。

　このサミットでは、地域に根ざした ESD の価値観を再確認する意味で、「レイチェルカーソンと宮沢賢治」という講演を遠山恵子さんにお願いした。当日は、幼稚園から大学まで 380 名ほどの参加者があり、環境問題や ESD は幼稚園から大学まで連携した取り組みが必要であるという認識を共有した。さらに、今後の連携に向けて「岩手県幼小中高大専 ESD 円卓会議」の設置を決めた。

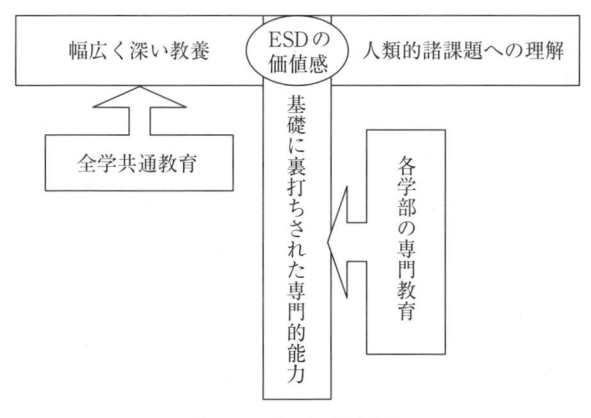

第 2 章　高等教育における ESD 実践―現代 GP の事例から―　*107*

図 2-37　「T」字型人間

（7）　プロジェクトの成果

　このプロジェクトの成果として最も重要なものは、人材養成像の共有化である。岩手大学は、教育目標に「教養教育と専門教育の調和」を掲げてきたが、それによりいかなる人材を養成するのかを一言で表現することはできないでいた。それが現在は、「持続可能な社会づくりに主体的に参画する人材」という言葉にまとめられている。
　また、それを上の図のように、イメージとしても理解できるように「T」字型人間として図式化することができた。ここには、横軸に教養教育が、縦軸に専門教育が示され、しかも両者は「ESD の価値観」で結合されることで、「教養教育と専門教育の調和」と「持続可能な社会づくりへの参画」が理解できるものとなっている。この人材育成像が教員はもとより学生にも共有されることで、教養教育の意義も学生によりよく理解され、学生の学ぶ姿勢にも影響を与えるものと期待している。
　こうした人材養成像は、本学の「大学案内」や大学説明会でも積極的に広報されていることもあり、2009 年度の新入生は入学時点で 19.1％が「学びの銀河」プロジェクトを、12.7％が ESD を知っていた（入学式の新入生アンケート：回答数 1,079 人）。また、基礎ゼミナールのガイドブック『大学における学びのはじめ』にも、この図と ESD が紹介され、入学後も方向づけがなされ

次に、教養教育のカリキュラムの充実が図られた。従来から教養教育のコアカリキュラムであった環境教育科目は、オムニバス形式により4種類の授業内容を2回開講してほぼ全学生に受講させていた。ただし、1クラスの受講生数は200人を超えることもしばしばであった。これが「学びの銀河」プロジェクトの中で4種類から11種類に授業内容が拡充され、クラスサイズも適正化が図られた。

また、新たに3、4年生向けの教養科目として作られた「高年次課題科目」は、先に述べたように地域の具体的課題を取り入れた科目が開講され、2009年度には「環境都市もりおかプロジェクト」「社会のなかの法律問題を考える」といった新たな科目も加わって多彩となってきた。その他にも、「持続可能な地域コミュニティー実践学」「地元企業に学ぶESD」といったESDを目指す科目も開講された。

これらの動きは、いずれもESDというビジョンの共有により、教養教育において、①科目間のつながり、②現実とのつながり、さらに学生の学びの③総合性、④実践性という4つのテーマが意識されたてきたことの反映である。

学生の授業アンケートにも、「受け身ではなく自分から動くことを第一の目標として参加していきたいと思いました。」の例に示されるように、社会を支え改善していく「21世紀型市民」へ向けた主体的学びとして教養教育が受け止められるようになってきている。

こうした成果は、いずれも当初計画が目指した目標がある程度まで達成されてきていることを示しているが、それで完成というのではない。このプロジェクトは、「T」字型人間とESDという人材育成像を共有して、エンドレスに教養教育の充実を持続していくことを目指すものだからである。

(8) プロジェクトの今後

岩手大学は、2009年6月から「ISO14001と産学官民連携による『π字型』環境人材育成プログラム」という新たな取組を環境省からの補助金で開始した。これは「学びの銀河」プロジェクトの成果を引き継ぎ、発展させる取組で

ある。この取組では、環境マネジメントシステムに関する授業科目を新たに3科目開設する。ISO14001の基本を学ぶ科目とそれを学内監査で実践的に学ぶ科目、そして地元の中小企業に学生が出向いて環境報告書の作成を支援するという科目である。

このように、中小企業が90％以上を占める岩手県において、中小企業と連携して人材養成を行う授業科目の開発は、ESDが目指してきたタイプ4の「問題解決の体験」を学外の団体と連携して行うもので、まさにESD科目と言える。

このプログラムでは、教養科目の中の一定数のESD科目を受講し、新たに開発する3つの授業科目を習得した学生に対し、「環境管理実務士」の資格認定を行いたいと考えている。これは、「学びの銀河」プロジェクトが構想していた**ESD副専攻**の一つとなる。

また、2008年7月の岩手県幼小中高大専ESDサミットを機に設置された幼小中高大専ESD円卓会議では、幼稚園から大学までというコンセプトで、何か一緒にできる行動を検討してきた。そして、2009年6月5日の環境の日を記念して、「テレビ・ゲーム・パソコンを消して読書する共同行動」に取り組むことを決め、全県的に実施した。この呼びかけに幼稚園から大学まで163の園・学校が取組を行い、2万人以上が参加してCO_2換算で5トンを超える成果が達成できた。

さらに、2008年9月には世界でもESDに最も先進的に取り組んでいる北欧のバルチック・ユニバーシティー・プログラムについて視察調査を行った。この調査は北東北3大学の代表で構成する調査チームで行ったところに大きな意義がある。地域に根ざし、地域の持続可能な発展をミッションとした新しい大学間連携を目指していきたいと考えている。

このように、「学びの銀河」プロジェクトは、学内での①科目間のつながり、②社会とのつながり、学生の学びの③総合性、④実践性、という課題を追究する教養教育の持続的な充実に加えて、地域の中小企業、教育機関、そして大学間連携へと学外とのつながりを深めていく方向へ発展しつつある。

これらを通じて、学生が「T」字型の「21世紀型市民」としての真の力を

身につけてくれることが、プロジェクトの本当の成果となる。

（9）おわりに

　ESDは、日本だけの取組ではなく、国連決議に基づいて、ユネスコが主導機関となって世界で展開されている。2009年4月にはドイツのボンで、「ESDの10年」中間年会合が開催され、世界各国から代表が集まって取組の交流がなされた。また、その会議で、「ESDの10年」最終年の2014年には、日本で総括会合が開催されることも決まった。

　これまで、日本は温暖化防止等の取組では世界の中でリーダーシップをとってきたとは言えない。その中で唯一、世界をリードしてきたのがESDの分野である。アメリカにおけるオバマ大統領の誕生によって、世界政治も様変わりし、温暖化防止や「核なき世界」が新たな世界政治の焦点となってきている。日本においても民主党政権が誕生し、誕生と同時に25％というCO_2削減目標を世界に表明するなど、ようやく国として持続可能な世界の創造に向けて名誉ある地位を得るための動きが始まっている。

　そこにおいて、日本が世界をリードしてきた「ESDの10年」の取組はますます重要となっていかざるを得ない。岩手大学は、こうした時代の変化を見据えて、今後も日本国内の高等教育におけるESDのリーダーとして果たすべき役割をしっかりと担っていきたいと考えている。

　（追記）本稿は、『大学教育学会誌』第29巻第2号（2007）に掲載された拙稿を加筆、修正したものでる。

注

1) 現代 GP とは、大学教育の充実（Good Practice）として、文部科学省が実施する国公私立大学を通じた、学生教育の質の向上などを目的とする大学教育改革の取組事業の一つ「現代的教育ニーズ取り組み支援プログラム」である。このプログラムでは、社会的要請の強い政策課題（地域活性化への貢献、知的財産関連教育など）に関するテーマを設定し、これに対して各大学、短期大学、高等専門学校が計画している取り組みの中から、文部科学省が優れた取り組みを選んでサポートし、選ばれた取り組みを社会に広く情報提供し、高等教育全体の活性化を資する事業である。詳細は、文部科学省のホームページ http://www.mext.go.jp/a_menu/koutou/kaikaku/gp/004.htm

2) 日本ユネスコ国内委員会では、「持続発展教育」と訳しているが、「持続可能な開発のための教育」などのいろいろな日本語訳がなされている。2002 年に開催された「持続可能な開発に関する世界首脳会議（ヨハネスブルグサミット）」の実施計画の議論の中で、日本が「国連持続可能な開発のための教育の 10 年」を提案し、同年の第 57 回国連総会において、2005 年からの 10 年間を「ESD の 10 年」とする決議案を提出・採択されている。

3) 地域など現場での問題の発見からその解決策へと至る学習方法である。アクション・リサーチは、グループ・ダイナミクス（集団力学）の創始者であるクルト・レヴィンが提唱した実践研究の方法である。

4) 2009 年 3 月現在、世界 62 地域、国内 6 地域が認証されている。

5) レイブとウェンガーによって提唱された概念。徐々に組織や活動の正統性を理解し得るような周辺的参加のことをいう。レイブ・ウェンガー（Lave. J. & Wenger. E.）『状況に埋め込まれた学習』産業図書、1993 参照。

6) 杉浦久子「世田谷でのフィールドワーク『せたがや家・庭・訪問』」他（昭和女子大学現代 GP ＜環境＞せたがやの環境共生の人づくり・街づくり　平成 18 年度・19 年度活動報告書）、昭和女子大学、2009 年 3 月、1 頁

7) 常喜豊「まち歩き自然観察—身近な自然にふれる—」（平成 18 年度・19 年度活動報告書）2009 年 3 月、34 頁

8) 田村圭介「桜新町での学生による二つのプロジェクト」（昭和女子大学現代 GP ＜環境＞せたがやの環境共生の人づくり・街づくり　平成 18 年度・19 年度活動報告書）、昭和女子大学、2009 年 3 月、94 頁

9) 鶴田佳子「イベント『したのやえんにち』開催から冊子作成まで」（昭和女子大学現代 GP ＜環境＞せたがやの環境共生の人づくり・街づくり　平成 18 年度・19 年度活動報告書）、昭和女子大学、2009 年 3 月、86 頁

10) 石井幸江「せたがや家・庭・訪問及びせたがやの農業・農業者との活動」（昭和女子大学現代 GP ＜環境＞せたがやの環境共生の人づくり・街づくり　平成 18 年度・19 年度活動報告書）、昭和女子大学、2009 年 3 月、33 頁

11) http://esd.iwate-u.ac.jp/
12) 経済同友会のような経済団体ですら、大学に教養教育の充実を提言している。
http://www.doyukai.or.jp/policyproposals/articles/2006/070301a.html
13) http://www.mext.go.jp/b_menu/shingi/chukyo/chukyo0/toushin/05013101.htm
14) 同上
15) 山崎達彦「岩手大学の教養教育の評価と今後の課題」『大学評価・学位研究』第1号、2005を参照。
16) 柴田翔「現代教養教育の原点と貢献」『大学教育学会誌』第27巻第1号、2005
17) 「国連ESDの10年」については、日本の推進団体であるESD-Jのhttp://www.esd-j.org/を参照。
18) http://uec.iwate-u.ac.jp/tama/ESD_gakucho.pdf
19) マイケル・ギボンズ編著『現代社会と知の創造—モード論とは何か』(小林信一監訳)丸善ライブラリー、1997

[参考文献]
昭和女子大学現代GP＜環境＞せたがやの環境共生の人づくり・街づくり　平成18年度・19年度活動報告書、昭和女子大学、2009年3月
ウィキペディア、持続可能な開発のための教育(ESD)、2009年7月
小澤徳太郎、スウェーデンに学ぶ「持続可能な社会」、朝日新聞社、2006年2月
New Economics Foundation (2009) The unhappy planet index.
http://www.happyplanetindex.org.

[取り組み成果の公表実績]
(報告)
小林　修，母里有紀子，磯部高弘 (2007) 愛媛大学「瀬戸内の山〜里〜海〜人がつながる環境教育」．特集「こんな勉強がしてみたい！特色ある『大学の授業』研究」，蛍雪時代2007年9月号，PP.172-174.
小林　修 (2007) 大学の森から持続可能な未来を育む．愛媛経済レポート別冊，Vol.11: P.15.
小林　修 (2007) 愛媛大学環境ESD報告書Vol.1. 文部科学省現代GP採択事業，愛媛大学現代GP環境ESD事務局，pp.133.
小林芽里 (2007) 瀬戸内の山〜里〜海〜人がつながる環境教育，ECOMエコ・コミュニケーションセンターニュースレター2007年5月号．
小林　修 (2008) 愛媛大学環境ESD報告書Vol2. 文部科学省現代GP採択事業，愛媛大学現代GP環境ESD事務局，pp.124.
小林芽里 (2008) 愛媛大学環境ESD「水俣フィールドツアー」を企画して．水俣病センター

相思社ニュースレター「ごんずい」(2008年5月) 105号：pp.7-10.
小林　修 (2008) 愛媛大学環境ESD報告書 Vol.2. 文部科学省現代GP採択事業, 愛媛大学現代GP環境ESD事務局, pp.124.
小林　修 (2009) 愛媛大学環境ESD報告書 Vol.3. 文部科学省現代GP採択事業, 愛媛大学現代GP環境ESD事務局, pp.95

(学会等発表)

小林　修 (2006) 愛媛大学環境ESD指導者養成カリキュラムの展開！―瀬戸内の山～里～海～人がつながる環境教育―. 日本環境教育フォーラム清里ミーティング, 山梨, 11月.
小林　修, 山内和美 (2006) 瀬戸内の山～里～海～人がつながる環境教育. 文部科学省大学教育改革プログラム合同フォーラム, 横浜, 11月
小林　修 (2007) 持続可能な社会づくりと森林環境教育. 第118回日本森林学会大会, 九州大学, 福岡, 4月.
小林　修 (2007) 愛媛大学環境ESD指導者養成講座の取り組み. 2007年中四国環境教育ミーティング, 島根県大田市, 6月.
Kobayashi, O.: Actions for EESD from Ehime University, Japan-Bachelor Level Curriculum and Forest Education for All―(2007) International Conference on Environmental Education, Ahmadabad（India）, November.
小林芽里 (2007) 愛媛大学　山～里～海～人をつなげる環境ESDの挑戦. 日本環境教育フォーラム清里ミーティング, 山梨, 11月
寺下太郎 (2007) 愛媛大学　瀬戸内の山～里～海～人がつながる環境教育 ―大学と地域との相互学び合い型環境教育指導者育成カリキュラムの展開. 岩手大学HESDフォーラム2007 in 盛岡, 岩手, 12月
小林芽里 (2008) 愛媛大学　山～里～海～人をつなげる環境ESDの挑戦. ESD-J全国ミーティング, 東京, 3月
小林修 (2008) 国内外におけるESDの動向と森林環境教育の位置づけ. 第119回日本森林学会大会, 東京都, 3月.
小林修 (2008) 愛媛大学共通教育科目の中で展開する環境ESD指導者養成カリキュラム. HESDフォーラム, 立教大学（東京）, 12月
小林　修 (2008) カリキュラムと連携のあり方（パネリスト）. HESDフォーラム「サステナビリティに向けた大学教育の挑戦―カリキュラムと連携のあり方」, 立教大学, 12月.
Kobayashi, O. (2009) Africa-Japan Education for Sustainable Development Cooperation, Education for Sustainable Development in Africa（ESDA）Open Symposium "Role of Universities in the Promotion of Education for Sustainable Development in Africa", United Nations University, Tokyo, February.

小林修（2009）障害者と協働して進める森林ESDの意義．第120回日本森林学会大会，京都，3月．

（講演など）

小林修（2006）持続可能な社会づくりを目指した学びと生活～環境問題からのアプローチ～（講演），mit まちなか大学，主催：愛媛大学地域創成研究センター，松山，1月．

小林修（2006）持続可能な社会づくりに向けた環境教育（講演），松山白鷺ライオンズ倶楽部，松山，1月．

小林修（2006）愛媛大学大学農学部附属演習林，視覚障害者向け森林体験講座の展開．24時間テレビ「愛は地球を救う―絆―」，愛媛大学会場，松山，8月．

小林修（2006）愛媛大学大学農学部附属演習林，愛媛大学農学部附属演習林森林体験講座めざせ！森の達人！の展開．24時間テレビ「愛は地球を救う―絆―」，愛媛大学会場，松山，8月．

小林修（2006）愛媛の集い（パネルディスカッション司会）．オイスカ愛媛支局，松山，10月．

小林修（2006）瀬戸内海の山～里～海～人がつながる環境教育．地球温暖化防止フェスティバル2006～みんなの地球を考えよう～．主催：愛媛県，松山市，11月．

小林修（2006）愛媛大学研究室からこんにちは（12月23日，30日放送番組出演），南海放送ラジオ，松山，12月．

小林修（2007）教養教育の課題とESD「愛媛大学現代GP採択事業瀬戸内の山～里～海～人がつながる環境教育」．岩手大学GPフォーラム「21世紀型市民」育成のための教育プログラム」，岩手大学，盛岡，3月．

小林修（2007）愛媛大学環境ESDシンポジウム（企画・運営・司会），愛媛大学現代GP「瀬戸内の山～里～海～人がつながる環境教育，愛媛大学，松山，3月．

小林修（2007）愛媛大学における森林環境教育の展開～持続可能な社会づくりに向けた環境教育～（講演）．中四国技術職員研修，松山市，6月．

小林修（2007）持続可能な社会づくりを担う視覚障害者の役割（講演）．全国視覚障害児（者）親の会愛媛県支部主催「体験キャンプ～魚を捕ろうの巻～in 興居島相小の浜」，松山市，8月．

小林修（2007）ネイチャーセンスを磨こう！森の小道（企画・講演・実践）．南海放送24時間テレビ企画展示，松山市，8月．

小林修（2007）地球にEcoしょ！エコ検定（講演）．南海放送24時間テレビ企画「愛媛一受けたい授業」，松山市，8月．

小林修（2007）環境ESDが目指す社会づくり（講演）．愛媛県生涯学習センターコミュニティ・カレッジ「環境講座」，松山市，9月．

小林修（2007）愛媛大学発！持続可能な未来のための学び―山〜里〜海〜人をつなげる環境ESD プロジェクトの挑戦―（主催）．第 2 回愛媛大学環境 ESD シンポジウム，松山市，10月．

小林修（2007）視覚障害者と森林〜体感する森（講演）．長野大学市民開放講義「私たちにとって森にはどんな価値があるのか」，長野大学（長野県上田市），11月．

小林修（2007）障害者と共に展開する環境教育活動から全員参画の社会づくりへ（ワークショップ主催），清里（山梨県），11月．

小林修（2008）山〜里〜海〜人をつなげる環境 ESD の展開―（主催）．第三回愛媛大学環境 ESD シンポジウム，松山市，2月．

小林修（2008）すべての人に森林環境教育を！―持続可能な社会を目指して―（講演）．滋賀大学研究フォーラム・第 4 回環境総合研究センター年次シンポジウム「森林・里山での自然体験型環境教育で子どもたちに伝えたいこと」，大津市（滋賀県），3月．

小林修（2008）持続可能な社会づくりを担う人材育成ビジョンと大学カリキュラム（主催）．第四回愛媛大学環境 ESD シンポジウム，松山市，3月．

小林修（2008）愛媛大学環境 ESD 指導者養成講座―カリキュラムにおける知識と経験の両立―．日本科学教育学会・学会企画課題研究「持続可能な社会のための科学教育」，岡山大学，8月．

Kobayashi, O. (2009) Africa-Japan Education for Sustainable Development Cooperation, Education for Sustainable Development in Africa (ESDA) Open Symposium "Role of Universities in the Promotion of Education for Sustainable Development in Africa", United Nations University, Tokyo, February.

（環境 ESD 受講生の活躍記事）

［人・ひと・人］枝打ちは朝飯前　森守る　真鍋沙耶香さん（20）．2008.03.03　愛媛新聞朝刊（全 320 字）

学生パワーで森林再生を　愛媛大農学部と 4 高校 27 人　ボランティア結成　砥部の国有林　月 1 回　看板設置や枝打ちに汗．2008.01.11　愛媛新聞朝刊（全 819 字）

［人・ひと・人］千歳滋さん　庄司仁さん　神田孝一さん．2008.06.24　愛媛新聞朝刊（全 946 字）

麦わら編み小物作ろう　今治で体験教室．2008.05.27　愛媛新聞朝刊（全 253 字）

［人・ひと・人］学園祭でエコ体験して　柳井彰人さん（19）．2008.06.11　愛媛新聞朝刊（全 293 字）

「大きな木に育ってね」クヌギやコナラ　児童ら 600 本植樹　東温の河川敷．2008.03.18　愛媛新聞朝刊　地四（全 412 字）

3 教員養成大学での持続発展教育（ESD）

1. はじめに―ESD 活動の到達点と課題―

　ESD（持続可能な発展のための教育）の10年が、国連の世界的キャンペーンとして始まったのが、2005年1月である。この年の1月16日、インド北西の都市アーミダバードで、国連の ESD キックオフ会議が開催された。世界から1,000人以上の人びとが集まり、ESD のキャンペーンが始まった。会議ではたくさんの分科会が設定され、環境問題、国際問題、エイズ問題、若者の抱える問題、教育問題、平和問題等、21世紀の世界が抱える諸問題が議論された。ESD は、地球規模の問題や地域の抱える問題を議論することから始まった。国連大学高等研究所が ESD を推進する方策として提起したのが、RCE（ESD を推進する地域拠点）というモデルであった。ここでは、諸問題を解決する教育方法として、公教育、準公教育、市民教育（市民レベルでの非公教育）の連携モデルを提起した。

　地球規模で、地域レベルの問題を議論することだけが ESD（持続可能な発展のための教育）ではなく、それらの問題をどのような方法で解決、教育していくかという問題提起がなされた。2005年6月、世界で7つの RCE が名古屋の国連主催の会議で認定された。2011年現在、世界で84の RCE が認定されている。

　各国で ESD の推進計画が策定されて、地球規模の問題と国内地域の問題に取り組む ESD が動き出した。日本でも2006年3月に国内計画が動き始めた。ESDJ をはじめ、市民教育レベルの ESD の取り組みが活発に動き始め、環境、

社会、経済の問題解決の教育活動が全国で展開された。公教育の学校教育レベルでは、環境教育、国際理解教育、人権教育などの総合的な学習テーマが主なESDの取り組みとしてカリキュラム作りが進んできた。2008年に文部科学省が、新学習指導要領にESDを持続発展教育として、総合的学習や各教科に位置づけた。文部科学省は、ユネスコの指定してきたユネスコスクールを持続発展教育の推進学校として位置づけ、ユネスコスクールの普及を始めた。ESDを推進してきた環境省は、現在、ESDに取り組む地域社会へのESD推進の認定制度を検討している。

ESDが開始されてから5年目の2009年に、公教育・準公教育を推進する文部科学省のESD推進策と、市民や地域社会の教育力を高める環境省ESD推進策、そしてESD推進の方法を提起してきた国連大学のESD/RCE推進策の3つが整った。

本論では、持続発展教育を進める学校教育（公教育、準公教育）の現状を整理した上で、学校教育でESDを推進する際に重要な役割を果たす教員養成大学の実践について検討することにした。

2. 学校教育とESD（持続発展教育）

（1） 何がESD・持続発展教育なのか

持続可能な発展のための教育（ESD）は、環境、経済、社会といった地球規模の課題を地域規模から解決していく人材の育成運動である。その対象となる教育課題は、環境教育、多文化教育、人権教育、平和教育…と数えると世界で約80にも上ると、トロント大学のチャールス・ホプキンス教授が指摘している。ESDは、こうした数多くの教育課題を取り上げるだけでなく、これらの課題を通じてどのような人材の能力を高めていくのかが目標であり、学校教育では基礎学力と応用力、地域との連携を軸に次の世代の学力を育てていくことの重要性を指摘した（2008年国連大学グローバルセミナー）。

また、ESDを推進するRCE（地域拠点）モデルを立案した金沢大学の鈴木

克徳教授は、学校教育における小・中・高校・大学の連携と各学校の学力育成によってESDのカリキュラムを発展させていくことと、地域の準公的な機関と地域の市民の教育力との三者連携によって地域の「持続可能な発展のための教育」（ESD）のための全体像を提起した。ESDは、個別テーマの教育を進めることが目標ではなく、課題やテーマを通じて、持続可能な社会で生きていく学力や市民力を育むことと、それを学校や市民レベルで閉じた取り組みではなく、地域社会の中で相互に連携し合う中で持続可能な未来や社会をつくることを指向している。

2005年以降、各小・中・高等学校でESDが取り組まれるようになると、総合的な学習がESD（持続発展教育）を進める上で効果的であることから、環境教育や国際理解教育、食育などが盛んに取り上げられるようになった。学校内のカリキュラムや評価方法の開発が行われ、地域との連携でこれらを進める先進的な実践が行われた。先進的な実践校では、環境教育や国際理解教育を学校全体で取り組みながら、環境教育や国際理解教育の推進だけでなく、この教育課程を通じて生徒たちのどのような学力を育むのかという問題意識が高まった。そして、総合的な学習と教科学習との連携、学年進行型のカリキュラム作りが行われてきた（気仙沼市教育委員会）。

しかし、多くの学校関係者は、持続発展教育＝総合的な学習という図式から抜け切れなかった。実践的な教育を推進している中学の校長先生に持続発展教育やユネスコスクールの加盟を勧めても、国際理解教育や環境教育に取り組んでいないから、今の段階では難しいと答えが返ってくる。

（2） 持続発展教育と学校教育

持続発展教育は、学校教育現場においては、何も新しいことを始めることではない。持続可能な未来に向けて、基礎学力と総合的な学習で育む応用的な学力を鍛えて、学校全体で計画的に児童・生徒の学力向上を図ることである（小金澤2009）。ただ、従来と違うことは、現在の子どもたちを取り巻く持続不可能な生活空間や持続不可能な社会をきちんと分析して、児童・生徒にどのような基礎学力や応用力、実践力といった学力を育むのかを明確にして、具体的な

カリキュラムを提起するところにある。基礎学力のどこに重点を置くのか、また応用力を育むために環境教育や国際理解教育、食育などからどれを選ぶのかは、学校の地域的特色で判断すればよいのである。

　子どもたちを取り巻く生活空間は、ますます持続不可能となっている。持続発展教育を進めるにあたって、及川はいくつかの問題点を整理している（及川 2008）。家庭で起きている家庭内暴力、家族間のコミュニケーション不足や不登校、引きこもり、学校でのいじめや学級崩壊、校内暴力などが山積している。こうした状況の中で、一人ひとりを大切にする教育や学びをどう実現するかが教育目標になる。

　また、私たちを取り巻く社会全体も地球規模で環境問題や景気低迷、少子高齢化社会と持続不可能な局面を向かえ、日々生活している地域でも地域経済の衰退や雇用不安を抱えている。こうした持続不可能な社会の中で、次の世代にどのような能力や資質、問題意識や関心を育むのか、そのためにどのような学力を育てるのかが教育課題になる。

　ユネスコ国内委員会は、持続発展教育で育てる力として、①体系的な思考力、②持続可能な発展に関する価値観、③代替案を提起できる批判力、④大量の情報やデータを分析する能力、⑤多様な世代とコミュニケーションをとる能力（ユネスコ国内委員会 2008）を指摘している。こうした能力・資質を育む学力の設定こそが、各学校の持続発展教育の核心といえる。

　仙台市の西山小学校の学力目標を事例に持続発展教育を考える（表3-1）。まず学校は、児童の学力の到達状況や生活環境・家庭環境を分析する。学力については、学力テストやアンケートを通じて、基礎学力や思考力を把握する。生活環境は児童や父兄にアンケートを行い、生活習慣を把握する。こうした分析を踏まえて、学校の基本計画として3つの柱を設定している。1つめは、豊かな心と確かな学力を育むことを目標にした学力づくりである。2つめは、地域に開かれた学校を目標とする地域とのつながりづくりである。3つめは、学校の基本計画の基礎となる安全・安心の確保である。

　学力づくりでは、学力を支える学習機会とカリキュラムデザインに焦点を当てる。学習機会では、一人ひとりの成長に応じた指導とそれを支える学級づく

表3-1 西山小学校の学力目標

・子どもの学力・子どもの生活環境分析 → 学力目標 　Ⅰ　学力づくり（豊かな心と確かな学力を育む学校） 　　・学力を支える学習機会 　　　　①学級づくり　②個に応じた指導　③多面的な学び（地域との連携） 　　・カリキュラムデザイン 　　　　①書く力　②読む力　③発表する力 　　　　④地元学（分析・洞察力）　⑤食育（つながり認識） 　Ⅱ　地域とのつながりづくり 　　・教員と子どもとのふれあい時間の確保 　　・地域の大人（父兄）とのふれあい～異なる世代との出会い・コミュニケーション 　　・地域の専門家とのふれあい　　専門技術・知識・知恵 　Ⅲ　安全・安心 　　・子どもたちの生活時間を支援する（学童保育） 　　・安全安心の学校運営

りに力を入れている。その上で、基礎基本の書く力、読む力、発表する力の養成と総合力を養う地元学や食育に取り組み、教科学習と総合的な学習が相互に連携するようにカリキュラムをデザインしている。西山小学校では、学校給食を中心軸において、栽培体験や調理体験を組み入れ、全学年で食育に取り組んでいる（西山小学校パンフ参照）。

　地域とのつながりづくりでは、地域ボランティアによる授業サポート、地域の専門家による授業（たとえばお寿司屋さんの父兄による調理授業）、地域の人びとと遊ぶ機会づくりを行っている。地域の人びとのさまざまな知恵や人的能力を学校に取り入れている。これは、地域と学校との連携を図るだけでなく、教員の負担を極力減らし、教員が児童と触れ合う時間を増やすこともねらいとなっている。

　安全・安心は、学校経営の基本である。ここにも注意を払い、学校内の安全・安心とともに、児童の生活時間を支援する学童保育についても留意している。

　西山小学校は、ユネスコスクールには登録していないが、学校の基本計画の中で、子どもたちや地域の未来を考えながら、学力づくりや地域とのつながりづくりを位置づけて実践していることは、まさに持続発展教育といえよう。

　以上のような実践は、多くの小学校で取り組まれているにちがいない。持続

発展教育は、その意味で多くの学校が取り組める内容であるといえよう。

3. 教員養成大学での持続発展教育

(1) 社会貢献と大学

　持続可能な地域づくりに貢献する大学の機能は、本務である大学教育での持続可能な人材育成と大学の社会貢献である地域づくり、地域との連携づくりにある。まず、ここではESDを推進するネットワークづくりを行ってきた社会貢献について触れる。宮城教育大学では、仙台広域圏RCE（国連大学が認定したESD推進の地域拠点）の連携づくりやユネスコスクールを支援する国内の大学間ネットワーク（UNIV・NET）づくりを行ってきた。この点については、推進組織として宮城教育大学ESD・RCE推進会議を教授会決定で2005年に設立し、環境教育実践研究センター、国際理解教育研究センター、特別支援教育総合研究センター、教育臨床研究センターの4つのセンターを中心に活動している。

　仙台広域圏RCEは、日本国内のRCEの中でも数少ない地域ESDの連携型RCEである。各地域がRCEとして認定してもおかしくない地域内ネットワークを持つESD地域が地域ESD・RCE推進委員会を構成している（表3-2）。自立した地域のESDの連合体としてのネットワークである。しかし、最初から既存の自立した地域ESDを連合したわけではない。地域のESD活動の芽を育みながらネットワークを形成し、自立した地域ESDの連合の形を作ってきたのである。仙台広域圏RCEが結成されたのは2005年で、国内最初のRCE認定を岡山RCEとともに受けた。準備委員会が結成されたのは2004年で、準備委員会の原型ができたのが2003年である。この時に地域の中心母体があったのは仙台のFEEL仙台と宮城教育大学環境教育実践センターだけだった。気仙沼市では面瀬小学校の実践があり、田尻ではラムサール条約の蕪栗沼の実践があったという状況であった。気仙沼と田尻は、宮城教育大学環境教育実践センターの支援で地域内のネットワークが形成され、気仙沼市では教育委

表 3-2　仙台広域圏 RCE の構成団体

地域・大学	地域大学の推進組織	事務局	ESD 活動の特色
①仙台地域	杜の都市民環境教育学習推進会議 FEEL	仙台市環境局環境都市推進課	循環型ライフスタイル、環境教育・学習の推進・パートナーシップ
②気仙沼地域	気仙沼 ESD・RCE 推進会議	気仙沼市教育委員会	学校での持続発展教育推進・ユネスコスクール・地域との連携
③大崎市田尻地域	田尻 ESD・RCE 推進会議	大崎市田尻総合支所産業建設課	持続可能な農業の創造・エコツーリズム・ふゆみず田んぼ農法
④白石・七ヶ宿地域	白石・七ヶ宿 ESD	NPO 法人水守の郷	水源の里山の保全、体験学習・都市住民との交流
⑤東北大学	大学院環境科学研究科	環境科学研究科	エネルギー教育の推進
⑥宮城教育大学	宮城教育大学 ESD・RCE 推進会議	宮城教育大学研究協力室	持続発展教育の教員養成ユネスコスクールの推進
⑦運営委員会を構成する団体（県内全域で活動する団体）	宮城県環境政策課、仙台市環境局、環境省東北地方事務所、JICA 東北支部、河北新報社、みやぎ環境とくらしネットワーク、宮城環境カウンセラー協会サイカチネイチャークラブ、仙台いぐね研究会、EPO 東北、早寝早起き朝ごはん実行委員会 in 宮城、みやぎ環境保全米県民会議、国連大学高等研究所		

員会が、田尻では産業建設課が事務局となり、地域の推進母体が 2006 年に結成された。白石・七ヶ宿地域では 2008 年に事務局が作られ、2009 年に仙台広域圏 RCE に加盟し、東北大学は、大学院環境科学研究科が事務局になり 2009 年に加盟した。このように仙台広域圏 RCE は、地域の ESD 活動を育てながら、ネットワークを広げてきた。

　仙台広域圏 RCE の活動の柱は 3 つである。1 つめは各地域や大学の活動を推進していくことである。各地域は運営委員会に所属する宮城県、仙台市、環境省、JICA、河北新報社（地元新聞社）や大学の支援を受けながらそれぞれの特色ある ESD 活動を進めていく。2 つめは、各地域間の学びあいである。それぞれの地域の得意分野を相互に学びあいながら、各地域 ESD が活動の幅を広げていくことができる。市民とのパートナーシップについては仙台地域

が、学校での持続発展教育やユネスコスクールの活動では気仙沼ESDが、持続可能な農業・エコツーリズムでは田尻ESDが、里山保全では白石・七ヶ宿が先生になって、その知恵を教えあい、学びあう。3つめは、仙台広域圏RCE全体で取り組む課題である。宮城県は、里山、里地、里海の生態系サービスを享受してきた地域である。この山・里・海の恵みを活かし、持続可能なものにしていくための取り組みが課題である。また。宮城県は山・里・海の恵みを受けた食料の生産基地でもある。環境保全農林水産業を創造することも重要な統一テーマになっている。最後に、学校での持続発展教育の推進がある。宮城県は持続発展教育を推進するユネスコが認定するユネスコスクールの数が日本一で、この勢いを宮城県内の小中高校へ普及することを目標にしている。

(2) 教員養成大学のESD

学校での持続発展教育は、児童・生徒の学力づくりと学力を効果的に高める地域とのつながりづくりに重点が置かれている。教員養成の立場からは、①児童・生徒の一人ひとりの学力や能力をいかにして高めていくか、②基礎基本の学力や応用力といえる学力をともに高めていくこと、③教員の力と地域や他の機関との連携でこれらの学力や能力を育んでいくか、といったことを常に考えられる教員の養成が焦点となる。

大学全体のESDに向けた教員養成では、3つの柱で実践している。1つめは、教員の基礎基本である教科専門力の育成である。少人数教育での教科専門学習を教科専門と教科教育とを組み合わせて進めている。2つめは、教育実践力としての教育実習ならびに教育実習関連科目を1年次から履修し、その実践力を高めている。教育実習は、1～2年次は体験観察実習で、3年時以降は教育実習が始まる。3つめは、総合的な学習や生きる力を育む体験学習などの基礎基本を学ぶ応用学習である。本学では10の現代的科目群（特別支援教育、適応支援教育、多文化理解、国際理解、現代世界論、食・健康教育、環境教育、芸術表現教育、メディア情報教育、自然科学論）を用意し、それぞれの科目群で、体験的・実践的授業を受けられる。宮城教育大学では、以上の3つを統合しながら持続発展教育をすすめる人材の育成を行っている。この教育課程

での成果は、すぐに眼に見えるものではないので、じっくりと育てていかなければならない課題である。

　教員養成の人材育成にとって、大学全体と同時に各研究室での取り組みも重要な役割を果たしている。各教員の授業や研究室での実践的活動も見逃せない。本学では、研究室主催のオーケストラや舞踊団、夏休みに子供たちの夏の学校を主宰する子ども文化の研究室、デザインや表現力で仙台の街おこしをする研究室、バタフライガーデンを運営する研究室とその他にも多彩な研究室実践活動がある。私の研究室もいろいろな活動を実践している。1つめは米づくりである。田植え、草取り、稲刈り、脱穀という作業である。演習の学生だけでなく授業の学生や小学生も参加する。2つめは『いぐねの学校』である。いぐね＝屋敷林を活用して昔の暮らしの体験をする小学生たちを招いての1大イベントである。来年で10周年を迎える。3つめは、リサイクル野菜実習である。生ごみ乾燥機でできた乾燥生ゴミと野菜を交換し、生ごみが畑の堆肥になり野菜を育てるというリサイクルを実感してもらう実践である。毎月1回仙台市役所前の市民広場で農産物の合同市を行うNPOと連携して行っている。もちろん乾燥生ごみは、生産者の畑の中に送られる。この合同市は定期市なので、小学校の生徒に呼びかけて体験学習の場としても、また担当授業科目の観察実習としても利用されている。こうした体験を積み、事業運営能力を身につけた学生達は、問題意識も高くなっていく。

　ESD・持続発展教育の即戦力育成では、現職の教師教育プログラムが重要になる。昨年からは、特別講座として、新聞を活用した読解力講座（持続発展教育の基礎基本）を地元新聞社河北新報社と連携協定を結んではじめた。また、本学では、公開講座や免許更新講座で持続発展教育の科目を提供している。学校現場の多くの教員は、ESD・持続発展教育への誤解を多く持っているのが現状である。ESDは何か特別新しいことをやるのか？　持続発展教育は総合的な学習のことか？　とさまざまな質問がでる。しかし、ESDは基礎基本の学力と総合的な学習の組み合わせから、生きる力まで連続している学力向上の取り組みだと説明すると、少し受講生はほっとする。それなら、自分の学校でやっていることでよいですね？　と尋ねてくる。そうですが、未来への

学力・能力、知力の育成という意識を強く持ち、基礎学力と総合的な学習と生きる力を連続させるカリキュラムを学校全体で作る必要があると説明すると、受講生は少し困った顔になる。ここでは、前述したESD・持続発展教育の目的を解説し、さまざまな実践内容を紹介している。

(3) ESD・持続発展教育の学習プログラム

ここでは、本学の学部教育で行っている現代的課題科目群のうち「持続可能な社会論・地域論」と現職教育向けの公開講座（免許更新科目）の講義内容を紹介する。

1) 持続可能な社会論・地域論

この授業は、社会科で出講している現代的科目群「現代世界論」と環境教育実践研究センターで出講している現代的科目群「環境教育」の共通科目で、受講生は約50名ある。講義のシラバスは、表3-3のように3つの学習段階に分けて設計した。まず、ガイダンスでは、ESD「持続可能な開発のための教

表3-3 『持続可能な社会論・地域論』のシラバス

構成	各講義内容	担当・講義形態
ガイダンス	①ESD～持続可能な社会キャンペーン～	・講義・本学教員
Ⅰ部『持続不可能から社会を考える』	②何が持続不可能か？	■ワークショップ
	③世界の持続不可能：世界の食料問題	■VTR学習
	④世界の持続不可能：世界の食料・日本の食料	・講義・本学教員
	⑤日本の持続不可能：少子高齢化社会	・講義・本学教員
Ⅱ部『持続不可能な社会を回避する課題（能力）』	⑥持続可能な社会とは？	■ワークショップ
	⑦ESDの目的～SDの人材育成	・講義・本学教員
	⑧ESDに必要な能力・学力とは？・情報発信力	●セミナーへ参加
	⑨ESDの実際の活動（環境フォーラムへ参加）	●課外学習
Ⅲ部『持続可能な社会を作る教育の実際』	⑩地域づくりのESD活動（七ヶ宿地域の里山保全）	・講義・ゲスト
	⑪地域づくりのESD活動（仙台広域圏ESD・RCE）	・講義・本学教員
	⑫地域づくりのESD活動（アジアのESD・RCE）	・講義・ゲスト
	⑬学校のESDプログラム①持続発展教育の内容	・講義・非常勤
	⑭学校のESDプログラム②学校での実践内容	・講義・非常勤
まとめ・試験	⑮まとめと試験	・本学教員

■講義形式以外の授業　●体験学習

育」という考え方がどのように生まれ、国連はなぜ、ESDの10年というキャンペーンを開始したのか、その背景を講義した。このガイダンスで、ESDという言葉をはじめて聞いた学生は圧倒的に多い。また、ESDを知っていても、ESD・持続発展教育は環境教育のことだと考えている学生も多かった。そこで、第1段階の授業内容では、持続可能な社会を具体的にイメージさせるために、現実の持続不可能な状況を、世界レベルの食糧問題と日本の問題である少子高齢化社会の2つの事例を取り上げて講義を行った。21年度は食糧問題を取り上げたが、20年度は、環境問題とくに黄砂や地球温暖化問題を取り上げた。ここでは、まずワークショップで、持続不可能な社会の事例とそれを引き起こしている要因について、環境、経済、社会の3つのジャンルに分けて、グループ討論を行った。具体的な問題を取り上げるジャンルは、地球温暖化、異常気象、砂漠化など環境に集中しているが、経済では、食糧問題、赤字国債や年金、産業空洞化などが挙げられ、社会では少子高齢化、人口問題も挙げられていた。この討論を踏まえて、世界の食糧問題については、VTR教材や講義で、持続不可能な状況が存在していることを確認した。また、少子高齢化問題では、この問題の原因とこの社会が生み出す課題について講義した。

　第2段階では、以上のような持続不可能な課題を整理した上で、持続不可能な社会を回避するためには、どんな能力が一人ひとりに必要なのかを考える場面を設定した。まずは、ワークショップで、持続可能な社会のために何が必要かを問いかけた。持続不可能な討論と同じグループ分けでワークショップを実施したので、持続不可能な問題を解決するための対処療法的な提案も出たが、その中で一人ひとりが果たすべき課題や能力について論じるものも出てきた。1つは、抽象的だが先を見通す力などが討論の中から出てきた。この討論を踏まえて、持続可能な社会を作るための個人の資質について講義し、ESDの目的が持続可能な社会を創造する人材育成にあることを強調した。個人レベルの能力の1つとして、情報発信力についての学習機会を設定した。宮城教育大学で、取り組んでいる教員養成の基礎学力としての読解力の充実として、地元新聞社・河北新報社と連携協定を結んでいる。その連携の一環として新聞活用と情報発信力のセミナーを開催し、受講生をこのセミナーに参加させた。日

頃ほとんど新聞を読まない大学生にとって、新聞の構成や新聞の活用方法を理解する機会となった。次に個人の持続可能な社会を創る能力の気づきから、個人と地域との関わりを気づかせる機会として、市民活動の観察機会を提供した。前述した宮城教育大学も参加する仙台広域圏 RCE で仙台地域の活動を担当する FEEL 仙台（杜の都の市民環境教育・学習推進会議）の主催する環境フォーラムへの参加である。環境フォーラムは、仙台市内の環境 NPO や市民、ESD に関心をもつ団体の活動発表会で、約 10 年の歴史を持つ。約 30 の団体が実行委員会をつくり、運営し、各団体が日頃の活動を展示、発表する。学生たちは、各団体のブースを取材して、地球温暖化を身近に考えるクイズ形式のワークショップや水の飲み比べを通じて水環境を考えるブース、耕作放棄地にそばを植えて里山を保全する NGO のそば脱穀実演、気象台や JICA のブースを巡り、レポートを提出する。学生たちは、今まで頭の中で漠然と描いてきた ESD・持続発展教育のイメージが、地域での活動という具体的に目に見える形で表れたことで、ESD の意味を理解できたようだ。

　第 3 段階では、ESD を実践する人材育成と地域づくりの実際について事例を取り上げて、その進め方や内容を講義した。ここでは、地域づくりの事例と学校教育の事例の 2 つに分けた。地域づくりでは、環境フォーラムでの展示・発表した宮城県七ヶ宿町で水源の里山を保全する取り組みを行っている NPO 法人の代表をゲストに招いて、その活動内容と持続可能な地域づくりへの想いを語ってもらった。仙台広域圏 RCE の活動については、環境フォーラムの参加での感想を基にしながら、仙台広域圏 RCE のネットワークの意味と ESD がさまざまな主体的な活動を連携させていくことの重要性を指摘した。アジアの ESD・RCE ではゲストを招いて、アジアで実践されているマレーシア・中国・韓国の RCE（地域拠点）の実際の活動を紹介し、世界中で ESD が取り組まれていることを報告した。

　学校教育現場からの報告では、仙台広域圏 RCE の気仙沼地域で取り組んでいる持続発展教育を紹介した。気仙沼地域は、教育委員会が中心となって持続発展教育を進め、ユネスコが持続発展教育を推進するために認定しているユネスコスクールにも 20 校以上が参加している。講義では、テキスト（気仙沼市

教育委員会 2008）を使いながら、学校ぐるみで持続発展教育を進めるカリキュラムや基礎・基本学力を育む教科学習と環境教育や国際理解教育、食教育、伝統文化教育などの総合的な学習とを連動させる授業の進め方を講義した。また学校内の持続発展教育をより充実させる方法として地域との連携、地域づくりへ生徒を参加させることの効果と意味を講義した。

　以上の講義では、学生が ESD を知らないことから講義をはじめて、学生達の ESD への興味関心を高めながら、ESD の具体的な実践を理解できるように学習段階を設定した。また、講義方法も、講義だけでなく、ワークショップや外部セミナー・フォーラムを活用しながら五感で理解できる機会を多く設定した。また、ESD を 1 人の講師で講義するのではなく、それぞれの場面で専門的に取り組んでいるゲストや非常勤講師を招いて講義を構成した。学生たちからもこの点は高く評価された。学生達の評価アンケートから学生達の反応をみると、A の感想では、ゲストや環境フォーラムの体験学習が、ESD のイメージを膨らませていることがわかる。また、B では、具体的な ESD の取り組みを見ることによって、ESD の実践が身近であることに気付き、さらに ESD の取り組みが個人レベルから地域レベルまで多様であることを理解した。C では、ESD の人材育成のポイントに気付いている。

■受講生の感想・評価

　A：「当初は ESD という言葉自体を知らずに何か堅苦しい印象を持っていたが、環境・人口・文化など様々な形で『持続不可能』を知り、その数だけ、ESD は社会や地域全体のためのものであり、構成員である私たち一人ひとりが取り組まなければならないものだと知った。また、たくさんの人の講演や環境フォーラムを通していろんな人々が多種多様なアクセスで ESD に携わっていることも気づいた。ESD が決してとっつき難いものではない。これから教壇に立った時、子どもたちが自分の社会を考えてみるきっかけを与えることができればと思う。」

　B：「この授業を通して、初めて ESD という言葉を聞き、最初はあまり興味がわかなかったが、環境フォーラムに参加したり、いろいろな方の話しを聞くうちに、宮城ではどんな ESD が行われているかに興味が湧いてきて、自分の

知らないところでこんなにも活発に活動していて驚いた。また、行っていることは自分たちが関ることができないものではなく、意外と身近で自分たちにも参加することができそうですごく親近感がわいた。特に環境フォーラムにあった広瀬川などの水質調査や小学校で行われていたバード・スタデイは自分たちでもできそうで、将来教師になったときに生徒にやらせてあげられたらいいなというものが多くあった。このような活動を通して、今の子どもたちに欠けているとされる表現力や想像力などを育んでいけたらいいなと感じた。もうひとつ感じたことは、このESDを通じての地域との関わりだ。このような活動を単体でやるのは意志さえあれば簡単だが、地域という大きな共同体の中で、同じ目的をもっていくのはたいへんなことであり、すごいと思った。このような活動が身の回りからもっと広がっていけばいいと思う。」

C:「『先を見通すこと』これが、この講義から学んだ大きなことです。最初は持続可能な環境教育という風に思っていました。たしかに環境教育も一部分でしたが、他の分野のことも考えることができるということには驚きました。その中で、先を見通して生活し、先の明るい未来を作り出すことが大切だとわかりました。現代社会は『お先真っ暗』という状態かもしれません。だからこそ、ESDが必要なのかもしれません」

2) 公開講座「持続発展教育入門」

現職教員向けの持続発展教育の講習は、2008年から開始した。表3-4は、2

表3-4 公開講座・免許更新講習 講義内容（2010年版）

NO.	講義内容	担当講師
1	持続発展教育とは何か？	社会科（人文地理学）教員
2	基礎基本（読解力）と持続発展教育	河北新報社記者
3	多文化理解教育を事例にした持続発展教育	国際理解教育研究センター教員
4	持続発展教育ワークショップ	講師全員
5	食教育を事例にした持続発展教育	社会科（人文地理学）教員
6	環境教育を事例にした持続発展教育	環境教育実践研究センター
7	持続発展教育カリキュラム（基礎と総合）	気仙沼市教育委員会教員
8	学校と地域との連携の進め方	気仙沼市教育委員会教員
9	試　験	担当講師代表

年間の講習を踏まえて一部改良した、2010年に開催する公開講座・免許更新科目のシラバスである。2009年から免許更新科目として実施し、2009年は、14名の現職教員が受講した。受講者はESD・持続発展教育に関心があるというより、免許更新科目の中で比較的関心がある科目を選んだという問題意識である。

講義内容は、ESD・持続発展教育の目的を概説し、まったく新しい学習内容を提起しているものでないこと、新学習指導要領で強調されている生きる力を育む学習内容であることを説明することから始まる。持続発展教育で目指す学力・学習能力は、各教科学習での基礎的基本的な知識と技能の習得と教科学習や総合的な学習で育まれる思考力・判断力・表現力等にあることを概説する。具体的な能力としては、世界で議論されてきたESDの標準として以下のような資質や方法を紹介した。ここでは、多様な文化・価値を理解すること、批判的に事象を捉え代替案を出せる力、具体的な行動に移す力、コミュニケーション能力、未来を見通そうとする力、地域との連携、教科の基礎基本を踏まえた教育などが指摘されている（S. Breiting etc. 2005）。持続発展教育というと現職教員の多くは、環境教育、国際理解教育といった総合的な学習をイメージするので、持続発展教育にとって基礎基本学習が重要であることを強調している。2010年度からは、新聞を活用した読解力学習の講義も予定している。次に、総合的な学習の時間を使ってどのような学習能力を高めるかについて、食教育と多文化理解教育、環境教育を事例にして講義し、討論した。この講義では、各分野での学習プログラムの作成の視点や方法を強調し、受講生が各学校で実践している授業プログラムを再構成しながら考えるよう促した。食教育を例に取れば、その目標は食の生産・流通・消費・廃棄の全体像を把握した上で、食べることと健康や環境とのつながりを理解させることにあることを強調した。米づくり等の栽培学習の体験を活用して、もの作りを通じて食べ物が作られるプロセスをしっかり確認して、食べることに関心をもつ学習プログラムや学校給食を活用した食教育の実際を紹介した（小金澤1996）。持続発展教育の学校教育の実践については、気仙沼の面瀬小学校で開発した環境教育と国際理解教育のカリキュラムについての作成・運営方法と地域の諸団体ならびに大

学などの専門機関との連携の進め方について講義した。

　受講生の評価を見ると、現職教員だけあって、学生の評価とはだいぶ違う。2日間の集中講義で、講義の目的をしっかりと把握している。教員自体は、こうした講習でESD・持続発展教育を理解することは可能だが、持続発展教育が学校全体の取り組みを前提にしているため、持続発展教育を広げていくためには教育委員会レベルでの持続発展教育への取り組みが不可欠となっている。この意味でも気仙沼市教育委員会の取り組みは、持続発展教育の進め方に大きな示唆を与えている。

■受講者の感想・評価

　A：「ESDって何かな？　から始まって、具体的に詳しく学ぶことができた。新しいものではなく、これまでやってきたものであることがわかった。しかし、これからの社会を担っていく子どもたちにとって、大変重要な力、そして我々、教育する者にとって重要な概念（意識）であると思った。"学力向上"の叫ばれる中、毎日やること（子どもにやらせること!?）は、山積みだが、常に意識の中にESDを置いて、日々教育活動を行っていきたいと思う。10年後、20年後の子どもたちと社会を心に描いて。」

　B：「どの教科についても、学んだことが子どもの自立に役立っていないといけないのだが、自立というものがいつの間にか点数で評価している場合が多く、それが教師の子どもの自立、つまり社会で生きていく力、社会を作って行く力を育もうとする教育を忘れさせている。その意味で、本教育は全教育課程に浸透してほしいもの。」

　C：「持続発展教育という言葉は、正直初めて聞いたのですが、これまで取り組んできた総合的な学習の時間や教科とのつながりや、未来に向けて子どもたちにつけなければならない学力などがよくわかり、考えさせられました。持続発展教育という名目でなくても。今回学んだことで、明日から活かせる内容や考え方がたくさんあり、たいへん勉強になりました。」

　D：「ESDについては、まったく無知であったが、ESDの視点、考え方を知ってたいへん刺激を受けた。しかし、今自分が働いている職場、地域の課題、矛盾はあまりにも大きく、気仙沼の実践をどう生かすのかと考えるとなか

なか展望が見えない。仙台などの標準的な学校でどう ESD を進めていくのか実践例をもっと知りたい。」

4. おわりに

　ESD・持続発展教育を学校教育でどのように進めていくのか、また教員養成大学でどのように ESD を進めていくのかについて、宮城教育大学の実践事例を紹介しながら検討した。

　学生への講義や現職教員への講義を通じても、ESD・持続発展教育という言葉が十分認知されていないことがわかる。しかし、学生達が現代社会の持続不可能性を丁寧に伝え、持続可能な社会を創る取り組みが多様にあることに気づけば、持続発展教育の重要性を認識することができる。しかし、こうした ESD への理解から、具体的な行動へつなげていくためには、授業や学外で ESD を実践する機会を提供しないと記憶の1つにとどまってしまう。現職教員は、ESD・持続発展教育の目標や育もうとする学力・学習能力、持続発展教育の内容を講義すれば、その重要性をすぐに理解できる。さらに学校教育現場での実践事例を紹介すると、その運営方法やカリキュラムの作り方に高い関心を示す。その意味で現職教員への持続発展教育の普及のための講習は効果的である。しかし、学校教育現場での持続発展教育となると、学年や学級単位での総合的な学習の工夫や教科と総合的な学習の連携は可能でも、基礎・基本も学力も含めてのカリキュラム構成は学校全体の教育計画に依拠しているため、教員個人の努力では難しいのが実情である。

　今後、持続発展教育を広め、次の世代が未来を担う学力などを身につけていくためには、持続発展教育が目指すものは何であるかをわかりやすく伝えていくプログラムを開発すること、ユネスコスクールによる学校全体での持続発展教育の実践事例を増やしていくこと、教育委員会が、持続発展教育を組織的に取り組む体制をとることが必要となる。その意味で、教育委員会との連携を強め、持続発展教育の教員養成教育、現職教員教育を進める機能を持った教員養

成大学の役割は大きい。

参考文献

市瀬智紀（2008）「地域の国際理解教育 ESD の理念および ASP ネットワークとの連携」『国際理解教育シンポジウム in Miyagi 報告書—持続発展教育とユネスコ・スクール—』宮城教育大学 pp.30-39

市瀬智紀（2009）「国際理解教育と持続発展教育の地域における展開に関する一考察」宮城教育大学紀要第 44 巻 pp.265-276

及川幸彦（2008）「ESD 推進に向けた地域及び海外の専門知識との連携と協同」『国連大学グローバルセミナー第 7 回東北セッション報告書』国連大学 pp.94-104

気仙沼市教育委員会編（2007）『気仙沼市環境教育 ESD カリキュラムガイド＜第一版＞』仙台広域圏 ESD・RCE 運営委員会・気仙沼市教育委員会 P.65

小澤紀美子・及川幸彦（2009）「ESD がつむぎ出す学びの力」『かざぐるま通信』No.21 光村図書 pp.4-11

小金澤孝昭（1996）「食育再発見①〜⑫」『食育』フットワーク出版

小金澤孝昭（2008）「持続可能な地域社会を目指す広域の地域・大学連携」小林英嗣編『地域と大学の共創まちづくり』学芸出版社 pp.88-92.

国際連合大学（2008）『地球を支えるヒューマン・リソース—いま教育にできること—』国際連合大学 p.172

日本ユネスコ国内委員会編（2009）『ユネスコ・スクールと持続発展教育（ESD）について』日本ユネスコ国内委員会

見上一幸・小金澤孝昭（2009）「持続可能な社会をつくる—宮教大の ESD への取り組み—」『あおばわかば』宮城教育大学広報誌 VOL.19 pp.1-5

宮城教育大学（2009）『Linkage 持続可能な開発のための教育・ESD』p.30

宮城教育大学・気仙沼市教育委員会・文部科学省日本ユネスコ国内委員会（2009）『Mobius for Sustainability 2002-2009 メビウス〜持続可能な循環〜』p.18

宮城教育大学・国連大学 RCE 推進委員会（2007）『21 世紀の教師教育の課題〜国連・持続可能な開発のための教育の 10 年』宮城教育大学 p.23

杜の都の市民環境教育・学習推進会議・FEEL 仙台（2006）『環境学習ガイド』P.38

杜の都の市民環境教育・学習推進会議・FEEL 仙台（2007）『FEEL 仙台活動報告書 2004-2006 持続可能な未来を創るための環境教育・学習』p.7

S. Breiting, M. Mayer, F. Mogensen (2005) "Quality Criteria for ESD-Schools" Guidelines to enhance the quality of Education for Sustainable Development. A document by the SEED and the ENSI networks for international debate. p47

4 高等教育における ESD
―今後の展望―

　前章までで、高等教育における ESD の先進事例と ESD の世界的動向について述べてきた。本章では、日本における今後の ESD の方向性を探る。なお本章の記述は 1 ～ 3 章を踏まえたものではあるが、あくまでも筆者である荻原の見解であり、まとめという意味合いのものではないことをお断りしておく。
　また本書で高等教育の事例として取り上げたのが、すべて大学であることもあり、以下では高等教育をほぼ大学教育という意味で使っている。むろん、高等専門学校、専門学校も重要な高等教育のセクターであるが、議論の拡散を防ぐためである。
　以下ではまず、ESD の理念・使命をいくつかの視点から概括し、ついで ESD の今後の課題について述べることにする。

1. ESD の理念と使命

（1） ESD を軸とした高等教育の再構築
　高等教育における ESD の意義については、前章までで各著者により繰り返し述べられてはいるが、あらためて確認してみたい。まず、やや迂遠ではあるが、高等教育の意味についての議論から始めよう。言うまでもなく、個人も社会も高等教育にさまざまな意義を付与している。それらの意義の中で、近代の日本を特徴づけるものを取り出すとすれば、それは「富国強兵」であり、「立身出世」であるだろう。「強兵」は日本の敗戦後、著しくその意義を弱め、「立身出世」も、大学進学率の上昇に伴い、大学生の意識の中に占めるその割合は

小さくなっていった。しかし、敗戦後も「富国」は日本の国家目標として維持され、現代においても高等教育が国際競争力の維持・向上のために不可欠の要素とみなされている。また大学卒業は「立身出世」、すなわち社会的地位上昇の切り札ではなくなったが、地位上昇の競争に参加する最低限の条件、出場許可証としての意味はむしろ強まりつつある。その意味で「富国」と「立身出世」は現代でもその意義を喪失しておらず、人びとの意識の中でもメディアでも支配的な言説となっている。

しかし、高等教育の新たな意義を求める動きも確実に起こっており、それが「持続可能な発展」を求める動きとリンクしている。それを端的にあらわしているのが、科学（社会・人文科学を含む）の意味、つまり、科学は何のためのものかという事についてのグローバルな意識変化である。1999年、ブダペストで行われた世界科学会議（ユネスコと国際科学会議共催）は、「21世紀のための科学 新たなコミットメント」をテーマとして開催され、今後の科学の使命を

① 知識のための科学（進歩のための知識）
② 平和のための科学
③ 開発のための科学
④ 社会の中の科学と社会のための科学

の4点に整理し、「科学と科学的知識の利用に関する世界宣言」（ブダペスト宣言）を採択した。そのうち「社会の中の科学と社会のための科学」では「科学研究の実践と、研究によって得られる知識の利用は、貧困の削減を含む、人類の福祉を目的としたものでなければならない。また人間の尊厳と諸権利、世界的な環境を尊重し、現代と次世代への責任を十分に考慮したものでなければならない。」[1]としている。「持続可能」という文言が直接使われてはいないものの、「社会のための科学」の内実は、ほぼ持続可能な社会のための科学とみなすことができるだろう。

一方、このような世界の動向を受けて、日本でも学術会議が「第4期科学技術基本計画への日本学術会議の提言」（2009年）において、持続可能な社会の構築を基軸とした「革新的な科学・技術戦略」の必要性を訴えている[2]。こ

こで、強調したいことは、ブダペスト宣言にしても学術会議の提言にしても、温暖化研究、自然エネルギーといった科学の個別分野の発展を求めるというよりも、科学を導く究極的な目的の一つとして、持続可能な社会の構築をとらえており、そのための諸学の結集を訴えていることである。さらに踏み込んで言うならば、前学術会議議長吉川弘之氏の発言「これから必要となる基礎的知識、それは地球や社会の持続性を理解し実現するためのものであり、従来の基礎的知識の延長上にはなく、新しいものである。それは知識使用の基礎的学問を作ることでもあって、従来の学術領域にこだわる限り作れない。」「ブダペスト宣言によって、この方向へと科学は変わりつつある。」「その宣言の採択は、科学は社会から影響を受けず、独立していなければならないとされた長い歴史を軌道修正する、重大な瞬間であったと思う。」[3]にあるように、持続可能な世界を構築するという目標を媒介として、数世紀の歴史を持つ近代科学の性格そのものが変容を迫られていると考えることができるということである。科学の変容（繰り返すが、この場合の科学は自然科学のみをさすものではない）は当然、科学をその教育内容とし、また科学にかかわる研究者・専門職を養成し、自身、科学の主要な担い手でもある大学と大学教育にも変化をもたらさざるを得ない。実際、「21世紀に向けての高等教育世界宣言」や「持続可能な開発のための教育と科学と技術に関するウブントゥ宣言」などで、ESDが単なる大学教育の一領域であるにとどまらず、大学教育に構造的変化をもたらすものであること、大学教育が総体として、世界の持続可能性の実現に取り組まなければならないことが繰り返し確認されている。ESDは大学教育にかつての「富国強兵」に匹敵する、グローバルな広がりを考えれば、むしろそれを凌駕する新たな意義を付与するものであり、「持続可能な未来に向けた教育の再構築（Reorienting education towards sustainable development）」（アジェンダ21）[4]を求めるものであることを確認しておきたい。

（2）ESDビジョン―未来からの逆算―

　ESDによる大学教育の再構築のために、まず必要なのは、当該大学の構成員が共有できるESDビジョンの設定である。換言すれば、「我われの大学は

ESD を通して何を目指すのか」という目的の設定と共有である。本書で取り上げられている岩手大学は、それに全学を挙げて取り組んでおり、他大学のモデルと成り得る理念を打ち出している。岩手大学は、学問間の関連が乏しいまま、各種学問が並立して教授され、意義が見えにくかった教養教育の改革のため、「複合的な人類的諸課題」の解決のために行動する「21世紀が求める地球市民」の育成を教養教育の旗印とした。玉が述べているように、これは、従前の教養教育の考え方とは根本的に異なるものである。何が異なるのだろうか？

そもそも教養教育は、中世ヨーロッパの7自由科以来、学問的職業のための専門教育への準備教育であり、同時に、学問という一定の知識・方法論の体系を身につけ、それを援用することにより、社会を維持・発展させることができる市民の育成を目的とした教育であった。どちらに力点をおくにせよ、いずれも各個人が既存社会の有為な構成員となるための教育である。一方、岩手大学の場合は、「複合的な人類的諸課題」の解決、つまり、世界を持続可能なものにするという未来における明確な目的を設定し、そこから逆算する形、バックキャストの形で教養教育を構想している。従前の教養教育の理念は「社会への準備のための教育」、岩手大学の場合は「社会を変革するための教育」なのだといえよう。

むろんこれまでも、カウンツなどに代表される社会改造主義のように、教育による社会変革の主張も見られたことがあるが、主体は初等中等教育であり、また社会変革の目標が社会主義に親和的であったため、冷戦に伴うイデオロギー対立の中でその影響力は限定されていた。しかし、前節で述べたように、持続可能な世界の実現という課題は、すべての大学に共通のグローバルな課題であり、教育における優先度が極めて高いこと、価値観・信条・所属集団の別を越えて、大学構成員のおそらくすべてが一致できる目的であることを考えると、社会改造主義のような既存の教育理念よりもその射程ははるかに大きいと考えられる。

具体的な教育内容については、多様な構成方法があり得るし、また多様な試みが進められるべきであるが、「未来における持続可能な世界の実現」という目的から逆算して教育を構想するという考え方は多くの大学で取り入れられる

べき考え方であろう。

(3) 持続可能な世界というビジョンと学際性の必然

　持続可能な世界の実現というESDの目標は、個別の学問の枠を越えた学際性を必然的に要求する。やや極端な言い方であるが、ESDにおいては、学問の追求、すなわち個人や共同体が、体系的な知を獲得するということそれ自体は、目的ではなく、持続可能な世界とはどんな世界なのかというビジョンを持ち、その実現に向かって学問を主体的に活用する個人や共同体（地域社会、市民グループ等を含む広い意味での共同体）の生成を目的とするからである。別な言い方をすれば、ESDは、地球環境問題・地球規模の経済的格差など人類の直面する複合的課題の解決に向けて、諸学問を有機的に統合し、学問を目的ではなく、ツールとして利用することに、その独自性がある。

　持続可能な世界の実現を家の建築にたとえてみよう。学問は、家を建てるために必要な縄張りの術であり、釘打ちのスキルである。それらの技術は、それ自身、非常に重要なものであり、身につけるために一定の修練を必要とはする。しかし、大工の目的は、あくまでも家を建てることである。個々の技術は、どんな家を建てるという大工の持つ構想（ビジョン）の実現に向かって有機的に組み合わせるからこそ意味があるのであって、釘打ちの技術だけをいくら洗練させても家は建たない。

　したがって、今後の大学教育におけるESDに要求されるのは、持続可能な世界についてのビジョンであり、そのために、個々の学問をどう組み合わせていけば良いのかを考えることのできる力を、教職員・学生等の大学構成員の内に育むことである。

　もちろん、これは、個々の大学が、ある特定のビジョンのみを正しいものとし、それを大学構成員に押しつけることでもないし、個別学問の固有性を否定するものでもない。むしろ、教育・研究を通じて、代替的なビジョンが次々に立ち上がってくる状況こそ望ましいのであり、学問の組み合わせは、そもそも個別の学問の固有の方法論や内容が異なるからこそ意味があるのである。ただしビジョンは共有されることにより力を持つ。議論は必要であるが、その時々

における最善のビジョンを大学構成員が共有することを目指す努力は絶えず行なわなければならない。また、学長をはじめとする大学執行部のリーダーシップの意味もそこにあるだろう。

（4）足下を掘る―ローカルからグローバルへ、グローバルからローカルへ、学問から問題へ、問題から学問へ―

　現在、もっとも注目されている環境問題は地球温暖化であろう。この地球温暖化という問題一つとってみても、気象、経済、生活様式、さらには太陽活動まで絡んでくる複雑な問題であり、またそこから無縁な地域も存在し得ない。その多様性に多くの学生・教員は戸惑いを禁じ得ないであろう。しかし見方を変えれば、個別地域の問題、個別学問の問題を、ESDを意識して掘り進めば、どの地域、どの学問であっても、地球温暖化問題へつながる水脈を探り当てることができるということもいえる。

　たとえば、宮城教育大学公開講座「持続発展教育入門」では「食教育を例に取れば、その目標は食の生産・流通・消費・廃棄の全体像を把握した上で、食べることと健康や環境とのつながりを理解させることにあることを強調した。」という内容となっているが、「食の生産・流通・消費・廃棄」には当然、生産から廃棄までの食のプロセス伴うエネルギー消費が視野に入ってこざるを得ない。昭和女子大学で行われている「エコ＆スローライン世田谷線検討会」への学生参加では『世田谷線沿線をより一層「エコ」で「スローライフ」な魅力あるまちにすること、地域活性化を考える取組であり、現在までのところ回生電力の有効利用等が話し合われている。』では、交通に関係した生活様式とエネルギー消費の問題が扱われている。いずれもエネルギー消費という地球温暖化に密接に関連する問題への通路が開かれている。

　このような関連はどの地域、どの学問であっても何らか見つけることができるであろう。大学の所在する、学生に身近な地域、教員の専攻している各学問は必ずグローバルな問題につながっており、ESDにつながる水脈を持っている。足下を掘ればESDに行き着くのである。

　この水脈は逆にたどることもできる。地域の問題を掘り進めていけばグロー

バルな視野を持たざるを得ないし、逆にグローバルな観点から改めて地域を振り返ると、地域の新しい姿を発見することができる。個別の学問と地球温暖化問題のようなESDの対象となる問題群との関係についても同じような事がいえる。

したがって、ESDの目指す目標の一つとして、ローカルとグローバル、学問と問題の間を自在に往還する能力の育成が挙げられよう。これは、これまでの大学教育とは別な教育を別途、設定するのではなく、むしろ地域や学問をESDという観点から考えなおすことによって達成される、あらゆる大学、あらゆる教員、あらゆる学生にとって可能なことなのである。

(5) 地域に入る・地域を学ぶ—知をゆさぶる—

前項と重複する部分があるが、地域に入ること、地域に学ぶことの意義をさらに考えてみたい。

本書で取り上げられている教育実践にはすべて、地域の中に教員と学生が入り、地域の事を現場で学ぶ実践が多数含まれている。たとえば神戸大学のESD演習Ⅰでは、NPOの協力を得て、国営公園内における里山づくりの体験や、小学校を拠点とした子どもの無農薬農業グループとの交流を行っている。昭和女子大学の「せたがや家・庭・訪問」では、「世田谷区次大夫堀民家園の古民家にて、トチ餅作り、火おこし体験、スダジイ、ソバガキの試食など、いにしえのスローフードを作る過程から行い、五感で体験」する活動を行っている。

地域に入ることにはどのような教育的意味があるのだろうか。地域には自然とつきあってきた智恵があり、共同体を運営してきた伝統があり、時には産業構造の変化に伴う矛盾があり、地域内部や地域間の桎梏がある。それらの現実に触れることは、多くの場合、学生の持っている知の枠組みを揺さぶり、知の枠組みを再構成しようとする強い動機付けを与える。

従来の伝統的な大学教育の中では、整合性のとれた体系として学問を教え、そこで得られた概念を利用して現実を解釈するという方法が支配的であった。この方法は効率的でもあり、いろいろな地域で成立する普遍性も備えている。

第4章　高等教育におけるESD―今後の展望―　141

しかし、このような学問とその応用という形の知（あまり一般的な言葉ではないが学問知と呼んでおこう）は整合性の取れた「きれいに」整えられたものであるだけに、学生の知の枠組みを揺るがす効果には乏しい。地域のむきだしの矛盾、必ずしも体系的・合理的とは限らない伝統、思いもよらなかったような智恵に直面し、それを何とか自分の知の中に取り込もうとする事が、学生の知への欲求を触発するのである。このことをよく示しているのが神戸大学の実践であろう。神戸大学の「ツール・ド・ESD」方式は、「学生が用意された複数のARの現場（フィールド）を『渡り歩く』ことを通して、現実を、単純化して考えるのではなく、互いに矛盾したベクトルをもつ多様かつ輻輳的なものとして把握するようになること」「現場から、または事実からものを考える、というような発想法を身に付け」ることをねらいとしている。ここで得られた「把握」や「発想法」は未熟かもしれないが、地域の現実に立脚し、再構成された知の枠組みなのである。

（6）地域に関わる・地域を変える
　　　―協働とエンパワーメント、実践知の構築―

この節では、実践知、サービスラーニング、協働による地域の側のメリットについて述べる。

1）実践知

愛媛大学の小林は、愛媛大学の取り組みについて「大学がカリキュラムを通じて地域とつながり、持続可能な社会づくりに貢献する」と述べ、また愛媛大学環境ESD指導者像について「地域のさまざまな意志決定レベルを通して問題を解決し、かつ新しい価値を創造することに積極的に働きかけることのできる態度を育成する」と述べている。地域に入る意義は、学生が地域を知ることにとどまるものではない。地域の問題を解決し、地域との相互作用を通して、新しい価値、新しい知を創造することに、さらに大きな意義が認められる。この認識は本書で取り上げた5つの大学すべてに共通しており、また金沢大学の鈴木がアーメダバード宣言の解説で述べているように、ESDの目的についての共通認識だといえよう。

具体的にどのような実践が各大学で行われているか見てみると、たとえば神戸大学では「スーパーにおける商品の容器包装について、相互に比較して、容器包装の簡易さの程度を評価するシステムを作る」、岩手大学では「地元の中小企業に学生が出向いて環境報告書作成を支援する」、昭和女子大学では「実際の商店主と将来計画を考えるという課題設定」のもと、「桜新町商店街デザイン活動」として、「商店街の商店主と共にワークショップを開き商店の改装に対して学生のアイデアを提供していく活動」を行っている。

これらの活動は、その性質上、教員が緻密な教育計画を立てて学生を指導するというよりも、学生や教員が、クライアントである地域の住民、企業、NPOなどさまざまな主体（以下地域主体と呼ぶ）と意見交換し、協働しながら課題の解決に向けての試行を行う、ある種のプロジェクトという形を取るであろう。そこに成立する知は、ある特定の問題の解決に向かって組織された知であり、実践に導かれたり、実践を導いたりする、一言で言えば実践との相互作用の中に生成する、いわば実践知である。学問知は実践知に統合されることによって、地域の問題に対する有効性を持つことができ、逆に実践知は学問知の持つ視点・方法論を利用して現実の問題に取り組むことができる。前節で、「ローカルからグローバルへ、グローバルからローカルへ、学問から問題へ、問題から学問へ」と述べたが、これはローカルで問題志向の知が実践知であり、グローバルで学問志向の知が学問知にあたるといえよう。実践知と学問知は相互補完的なものであり、車の両輪である。両者をバランス良く獲得していくことが大学のESDには求められている。

2）サービスラーニング

神戸大学の松岡らは「ESDボランティア塾ほらばん」の活動について、「ボランティア活動・サービスラーニング・ESDを統合し、その推進課題を検討しようとするARのひとつである」と述べているが、地域の課題解決に関わる活動は、地域社会へのサービスと学生の学習を結合させるサービスラーニングの典型的な活動と考えることができる。サービスラーニングには「チームワークや地域社会への関与、市民性と関連した技能」の習得や「（それまで抱いていた）価値観への挑戦」「社会的・情緒的・認知的な学習と発達」の促進

(National Service-Learning Clearinghouse)[5] という社会的・情意的な意味での教育効果が知られている。ESD には学生の社会的・情意的な発達を促進する効果も期待できるのである。

3）協働による地域の側のメリット

地域の各主体は、大学の ESD に関わることによって、地域の抱える課題それ自体の解決に向けて、学生や教員のさまざまな知見、スキルを活用するという直接的なメリットを得ることができる。

一方、大学の ESD は、地域主体が、課題解決に主体的に取り組むことのできる力量の構築（エンパワーメント）に貢献する機会にもなり得る。長い目で見れば、直接的なメリットよりも、この事の方が地域にとっては有用であろう。村おこし・町おこしなど ESD にも関連の深い事業の例でいえば、東京農工大学の「黒森もりもり倶楽部」、立命館大学の「丹波村おこし」など、事業に学生が関与することで、地域の人びとが地域を見直す新しい視点を獲得し、地域再建の意欲をかき立てられた事例がすでにかなり報告されている。神戸大学の松岡らは、ESD が「学内外の、持続可能な社会づくりのための社会関係資本（Social Capital）をより豊かにすることにつながってゆかねばならない」と述べているが、先述の事例は、ESD が実際に、地域の社会関係資本の豊かさを増すことに貢献していることを示している。ESD は教育活動であると同時に大学の社会貢献の有力な一環でもあり得る。

(7)　教育から学問へ　価値中立から価値定立へ

この章の冒頭に述べたように、持続可能な世界の構築に向けて、学問（科学）は変容を迫られており、それが大学教育の意味や内容にも影響してくる、いわば学問の変化から教育の変化へという流れがあることを述べた。理念についての議論の締めくくりとして、教育の変化が学問の変化へと逆流する可能性について述べてみたい。

日本学術会議哲学委員会は 2010 年に「哲学分野の展望─共に生きる価値を照らす哲学へ─」[6] という報告を行っている。委員会は、マックス・ウェーバーの「精神なき専門人・心なき享楽人」という専門化に伴う「精神」の喪

失の予言を、「いまやこの憂慮は、もはやたんなる杞憂ではない」とし、本来、自然への畏敬に基づいて成立した「テクネー（技術）」が、「狭隘化した視野の内部における限定された対象の操作に終始しがちである」ことを指摘し、知性が「意味や価値を根本的に吟味することを忘失したまま、所与の課題に実効的な解決法のみを探索する」「道具的理性」へと縮退しつつあるとしている。

　比喩的な言い方をするならば、「価値中立」という翼を得て、宗教や倫理の桎梏から解き放たれた学問は、価値観という羅針盤を失い、何でもありの価値相対主義の泥沼に墜落しつつあるように見える。

　ところで、「環境と社会に関する国際会議—持続可能性のための教育とパブリック・アウェアネス—」（1997年）で採択されたテサロニキ宣言に「持続可能性という概念は、環境だけではなく、貧困、人口、健康、食糧の確保、民主主義、人権、平和をも包含するものである。最終的には、持続可能性は道徳的・倫理的規範であり、そこには尊重すべき文化的多様性や伝統的知識が内在している。」[7]と示しているように、ESDは高度に目的指向的・価値指向的教育である。ESDに携わる大学教員は、価値中立という学問の鎧を外し、道具的理性という安全な立場から踏み出して、「道徳的・倫理的規範」について語ること、対話することを求められる。ESDという営為に真剣に向き合おうとすれば、価値観と学問の関連について問わざるを得ない。つまりESDは、近代の学問の行き着いた道具的理性、価値中立という立脚点にとどまっていては行い得ない教育なのである。

　以上のことを踏まえた上で、ESDにおける教育と学問の関係を考えてみよう。教育と学問との関連は、教員からの学生への学問の伝授というイメージでとらえられがちである。そのようなイメージで考えれば、教育は学問の授受の場であり、学問そのものは教育によって変化することはない。しかし、ESDにおける、あるべき教育と学問との関係はこのようなものではないだろう。学問が、価値観を含んだ形で、つまり「何のための学問なのか」という問いに向き合う形で提示されることが求められるのであり、教員も学生も学問を自己から独立した客観的知の体系としてではなく、自己の価値観がそれ（学問）によって豊かになったり、ひっくり返されたり、場合によっては対決しなければ

ならない対象として学問に対することが求められる。当然、学問も「無傷」ではあり得ない。教員と学生、学生相互、さらに教育の場に市民がかかわる場合には、市民との相互作用も加わり、学問自体が教育の場の中で変容していくだろう。教育から学問が生成していくといってもよいかもしれない。

学問と教育のこのような関係は、実は決して特殊なものでもなければ、新しいものでもない。そもそも、哲学は教育（対話）の中から誕生したといってもよいし、また現代でも、宇井純が東京大学で公害原論を開講したときに、「この講座は、教師と学生の間に本質的な区別はない。修了による特権もない。あるものは、自由な相互批判と、学問の原型への模索のみである」[8]と述べたように、教育の場で人間にとっての学問の意味を問い、学問を教育の中で造りあげていくという考え方は、繰り返し立ち現れてくるのである。

ESDは、理想的には、まさにこのような形で高等教育の中で、ときには初等中等教育の中でも行われることが望まれる。少なくとも道具的理性の範疇の中にのみ、自己の理性を局限し、価値観と理性を住み分けてしまうような「精神なき専門人」を造る教育に堕してはならない。

2. ESDの課題

高等教育におけるESD実践が各地で進むに伴い、実践に伴う各種の課題が浮き彫りになってきている。たとえば資金、地域との協働等である。以下ではそのすべてを取り上げることはできないので、活動偏重への懸念、地域との協働について述べることとする。ESDのための恒久的資金の確保、大学院教育へのESDの導入、各大学が独自に導入している環境資格の標準化、担当教員の過剰負担なども重要な問題であるが、それらの記述については後日を待ちたい。

(1) はいまわる ESD？（活動偏重への懸念）

　これまで述べてきたように、ESDでは、問題解決が教育の中心に据えられることが多い。知識・技能は、それ自体の教授が目的というよりも、問題解決活動の中で必要なものとして意識され、結果的に知識・技能が身に付いていくという形で学習が進行する。しかし、このような形の教育がしばしば陥ってしまう陥穽がある。それは、環境・教育・福祉といったESDの現場での活動を重んじるあまり、それに没入してしまい、何のために活動するのかということがいつの間にか分からなくなって、活動それ自体が目的となってしまう活動至上主義である。そのような倒錯がはびこってしまうと、主知主義の立場から必ず批判が起こり、すぐれたESD実践に対してまで、いわば「ミソクソ一緒」に批判され、「ESDは駄目だ」ということになりかねない。

　初等中等教育の例でいえば、第2次大戦後の新教育運動の中において、子どもの問題解決活動を軸に教科内容を構成する経験主義教育が広く行われたことがある。しかし、子どもの自主性を重んじるあまりに学力の低下を招いたとして批判され、また、活動の経験をさせること自体が目的と化した「はいまわる経験主義」と揶揄されて、学問の系統性を重んじる系統主義に回帰せざるを得なかった歴史がある。

　神戸大学の松岡らは、「ツール・ド・ESD」方式について、「2年生はあちこちに出向いて、『何か』を感じた反面、『何も』理解できなかったのではないか、という疑いを指摘する声もある。」と述べているが、この指摘は、「はいまわるESD」になってしまうリスクを指摘したものと考えることができる。

　「はいまわるESD」とならないためには、何が必要となるだろうか。先述でも少し触れたが、初等中等教育における経験主義教育のつまずきを振り返ることが一定の示唆を与えてくれるだろう。1940年代～1950年代にかけては、日本の教育はアメリカの児童中心主義（経験主義）教育運動の影響を強く受け、児童生徒自身が生活の中から問題を見いだし、その問題を解決する過程を通して知的・情意的・社会的成長を達成するという問題解決学習・生活単元が推奨された。文部省・教育委員会の指導もあり、流行のように全国の教育現場に広がっていった。その中にはすぐれた教育実践も見られたものの、問題解決とい

う形をなぞるだけの学習、活動自体が目的となってしまった学習もまた蔓延してしまい、結果として、保護者の不信、メディアや教育界内部からの批判を招き、経験主義教育運動自体が衰退してしまった。

　このような経験主義教育のつまずきにはさまざまな原因が考えられるが、最も大きな原因は、教師の指導性、教師の役割をあいまいにしたまま、児童生徒に問題の発見や解決を委ねてしまったことであろう。学習の主導権を児童生徒に委ね、児童生徒の活動の自由を保障すれば、予定調和的に学習が成立するかのような風潮に教師も学校も流され、問題解決学習を行うに際して教師に必要な能力とは何か、教師はそれをどのように身につければよいのかという具体的・実践的な問題を十分に検討しないまま実践を行う、いわば「見る前に跳んでしまった」のである。

　解決すべき問題を発見することは、問題解決学習の中核であり、適切な問題、すなわちその問題に取り組むことによって、多様な価値観に気づいたり、グループ学習のスキルを獲得できるなど、学習者の発達を促す効果が期待できる問題が発見できるならば、問題解決学習は半ば成功したといってよい。逆に不適切な問題、すなわち学習者の発達段階になじまない問題や、あいまいすぎてとりつく島がないような問題を「発見」してしまうと、学習が混乱し、単に活動しただけということになりかねず、学習者は何も獲得せずに終わってしまう。

　適切な問題を発見することは、児童生徒の独力では難しい。問題が解決された状態はどんな状態なのか具体的に考えさせる、問題意識がバラバラな場合に、話し合いによる意識の統一を促す、といった教師の積極的な関与が必要であり、関与のタイミングを見極めたり、関与の手段を使い分けるといったファシリテーターとしてのスキルが要求される。

　解決の過程においても、やみくもに行動させるのではなく、常に目的と照らし合わせながら行動の意味を考えさせることが必要である。教師は、学習者に対して、メタ認知（目標を達成するために、現在行っている認知過程の状態や方略を評価し、行動の調節や統制を行う認知過程）[9]を適宜求めなければならず、そのためにはやはりファシリテーターとしてのスキルが必要とされる。

体系的な知の教授も決して不要になるわけではない。問題解決学習の場合、体系的な知の獲得そのものを目的とはしないが、問題解決の過程の中に、体系的な知が必要な場面は必ず存在する。むしろ、問題解決の中でこそ、体系的な知の有用性があらわになるのであり、体系的な知の獲得への学習者の動機付けも高まることが多い。教師には、問題解決の文脈のあちらこちらに、体系的な知を学習する機会を埋め込んでおくことができるよう、学問的知識と教材開発の力量が要求される。

問題解決学習では、教師は後景に退いているように見えるが、むしろ高度な指導性が要求され、それに応じたスキルや知識が必要となる。このことについては、教師の十分な理解（覚悟）と研修が成功の前提となる。

著者は、以上のような初等中等教育の経験に照らして考え、「はいまわるESD」となってしまうことを避けるために、以下のことが必要と考える。

第1に、学内のESD執行組織は、理念を述べたりカリキュラムの大枠を定めたり、問題解決への指向性を持つような授業の変革を抽象的に教員に促すだけでは、十分ではないことを認識しておく必要がある。当面それでうまくいったように見えても、それだけでは必ず、主知主義の立場からの反撃、「基礎的学問の訓練を経ずしてESDなどできるものではない」という批判が起こるだろう。

第2に教員の理解である。学生が問題を見いだし、それを解決していくという教育手法は、体系的な知の教授に反するものではなく、むしろ促進するものであること、この教育手法の場合、教員には高度な指導性とそれを裏付ける知識・スキルが不可欠であり、決して学生の自主性にすべてを委ねるような無責任な手法ではないことを、各分野での成功例等を通して具体的に示し、教員に納得してもらわなければならない。拙速な押しつけは、長期的にはむしろ負の効果をもたらす。

第3に、各種のPBL教育手法、ポートフォリオ評価等の具体的スキルを身に付ける機会を教員に対して保障することも同時に行わなければならない。

第4に、先述の施策を行うためのマンパワーと資金である。

以上のような条件整備は、全学的に行うのが望ましい。しかし、そのような

条件が整わない場合は、一部の学部や共通教育で先行的に実施し、その経験を全学に伝えながら、徐々に全学の理解を得るという方法も考えられる。近年のPBL教育の普及が、医学部でのPBL教育の成功の他学部への波及という側面を持っていることを考えると、かなり現実的な選択肢の一つといえるだろう。いずれにせよ、拙速で強引な改革は禍根を残す。着実なESDの定着を図るべきであろう。

(2) 地域との協働について

理念の部分でも述べたように、地域との協働は大学のESDにとって不可欠であり、本書で取り上げている大学でもさまざまな形態の協働が行われてい

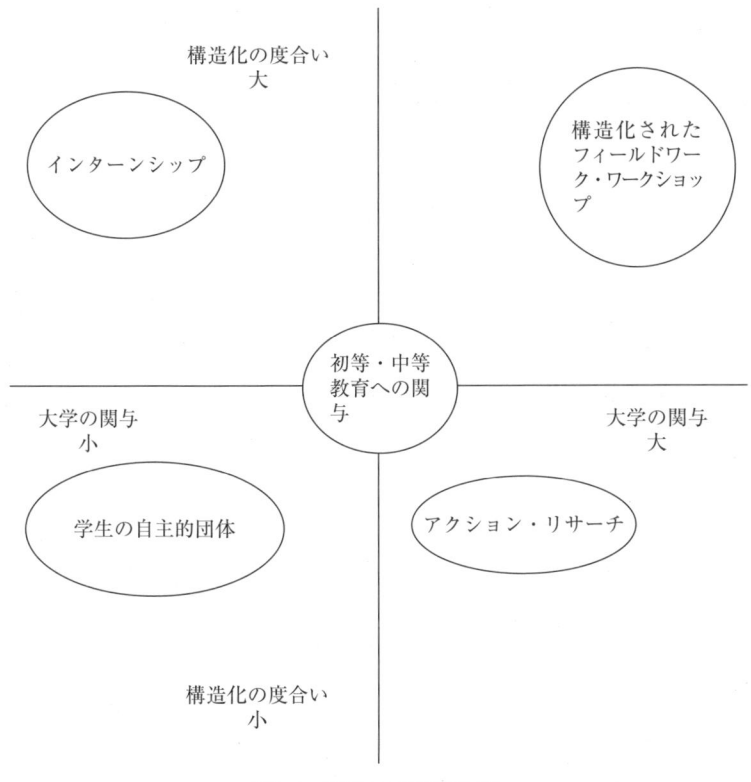

図4-1　地域との協働モデル

る。協働の形態はさまざまであり、それに応じて課題も異なってくる。そこで協働の形態を図4-1のように、構造化（協働の内容や手法が計画的に設定されている）の度合いと、大学が教育に関与する度合いの2軸で分類し、類型化することを試みた。以下、それぞれの類型とその課題について述べる。

a. 構造化されたフィールドワーク・ワークショップ

昭和女子大学の授業で行われている、「小さなデザインのボランティア活動」は、「世田谷の福祉施設、行政施設、公共的施設公園とか広場とか区の町づくり課等の団体や商店街が必要としている小さなデザインの要望に対して大学の活動としてデザイン案の提供を行っていくボランティア活動」である。この活動は、地域の要望に応えるデザイン活動という明確な目的を持ち、確実な社会貢献効果が期待できる。学科のデザイン教育の一環という性格を持っており、「環境デザイン学科のCG（2D）の演習科目の授業の課題」「環境デザイン学科の設計製図の課題」としても取り上げられていることから分かるように、学科の既存科目との整合性も高い。

このように学科・学部の教育の枠組みとの整合性を重視し、地域の人びとや学生と協議しながら、教員が協働する内容とその扱い方を基本的に設定し、授業または授業外で計画的に協働を行うタイプの協働を「構造化されたフィールドワーク・ワークショップ」と呼ぶこととする。大学の関与、構造化の度合い（計画的・系統的に学習経験を配列する度合い）が共に高いタイプの協働である。

このタイプの協働は、教員の専門性を活用した課題設定を行う事が比較的容易で、既存科目との整合性も高いため、大学のカリキュラムの中に導入しやすいといえる。教員には、地域との連絡調整という大きな負担がかかってくるが、地域社会への焦点を絞った明確な貢献を行うことができ、「大学の教室で行っている教育の場を実社会の場に広げて実施することによって、はるかに充実した実りのある教育を行うことができる」「活動に参加した学生にとってその成果を実感することができたことと、事業を行った結果の達成感は他に代え難いものがあった」という芦川（昭和女子大）の事業評価にあるように、学生

への確実な教育効果も期待できる。これらの利点から考え、大学と地域との協働の多くはこのタイプの協働になるであろう。

一方で著者は、「構造化されたフィールドワーク・ワークショップ」に対して若干の懸念も感じている。かなり古い話になるが、ジョン・ダイジンガーは1981年に、アメリカの環境教育の弱点として、環境教育に対する理解が人によりバラバラで、それぞれの専門とする分野からのみ論じる傾向があること（たとえば自然保護問題、エネルギー問題、人口問題など）、学問分野の寄せ集めになりがちで確固たる固有の学問性を持っていないこと、各分野での有能なリーダーは存在するが、それぞれの分野の論理で動いており、環境教育をとりまとめて引っ張っていくようなリーダーシップが存在しないことを上げている[10]。アメリカの環境教育は内部にこのような大きな弱点を抱えていたため、1980年代になると、「知的基盤が薄弱なため、環境運動にうんざりした世論と、80年代初頭の不況による教育予算の削減にひとたび直面するとひとたまりもなかった」（ウィリアム・バーバレット）[11]。おそらく、現在でもダイジンガーの指摘は、アメリカや日本の環境教育にあてはまるものである。環境教育よりもさらに新しく、さらに広範な分野の教員が参入してくるESDについては、いっそうこの指摘が当てはまるであろう。

著者は、ESDにおける地域との協働を教員の専門性に添って、比較的うまく切り分けることのできる「構造化されたフィールドワーク・ワークショップ」は、それゆえに専門の寄せ集めになりがちで、ESDとしての統一性・意義が個々の教員や学生からは見えにくくなる懸念があると考えている。別の言い方をすれば、必ずしもESDへのアイデンティティを持たなくても、教員の専門性の枠内で地域との協働が可能なのである。しかし、その状態で外部資金の打ち切りや教員の人事異動という外的条件の変化が起こると、1980年代初頭のアメリカの環境教育のように「ひとたまりもなかった」ということになりかねない。そうならないためにも、ESDの学問的基盤を強化し、さまざまな学問に対して開かれていながらも、固有の研究領域を持つものとしてESDを確立していくことが求められよう。

b. 初等中等教育への関与

　宮城教育大学の小金澤は研究室の学生と共に小学生に対するESDに取り組んでいる。一つは「いぐね＝屋敷林を活用して昔の暮らしの体験をする小学生たちを招いての1大イベント」を行う「いぐねの学校」であり、一つは「生ごみ乾燥機でできた乾燥生ゴミと野菜を交換し、生ごみが畑の堆肥になり野菜を育てるというリサイクルを実感してもらう」「リサイクル野菜実習」である。宮城教育大学は仙台市、気仙沼市などの学校と連携し、初等中等教育におけるESDへの援助を行うと共に、児童生徒への教育活動に学生を参加させ、学生教育の機会として利用している。都留文科大学も「自然環境教育の指導力を持つ教員」「コーディネーター的要素を持った地域の環境教育の担い手」の育成を目指し、地域全体を博物館としてとらえ、地域資源を活用して大学教育を行う「フィールド・ミュージアム」を実践している。その中で「カワラナデシコやカジカが再び住めるような河川環境の復元を目指し、地域住民や保育園・小学校とともに保全のための活動」への学生参加、NPO「シオジ森の学校」の自然観察プログラムや講座への学生参加等が行われ、児童生徒への指導を通した学生教育が行われている[12]。

　初等中等教育への関与が行われるのは教育学部に限らない。たとえば日本大学生物資源学部では、「子ども樹木博士」というプログラムを開発し、学生と教員によるチームが小学校や公民館に提供している[13]。

　近年は、SPP（サイエンス・パートナーシップ・プログラム）を通じて理学部や工学部が学校に対して環境教育プログラムを提供することも多く、学生がTA（ティーチング・アシスタント）として関与することによる学生への教育効果も期待されている。

　「初等・中等教育への関与」は、図の4つの象限のどこでもかなり活発に行われている。

　「初等・中等教育への関与」は、社会貢献の一環として価値が高い。初等中等学校は、その地域に住む学齢期の子どものほとんど、つまり地域の次世代のほとんどすべてを対象として基礎教育を行っており、初等中等教育が地域の未来を担っているといっても過言ではない。国連大学が推進している「持続可能

な開発のための教育に関する地域の拠点（RCE）」で大学が初等中等教育への貢献を求められているのは、このような初等中等教育の戦略的重要性を踏まえているからであろう。

　筆者は大学が「初等中等教育への関与」を行うことには、もう一つの意味もあると考えている。それは初等中等学校、とりわけ小学校の持っている、地域の ESD の結節点としての機能である。筆者自身もいくつかの小学校で環境教育に関与した経験があるが、地域の人びとも NPO も行政も企業も大学も小学校教育に対しては、「子どもたちのために」という一点で一致し、個々の利害を超えて協力できる。逆にいえば、学校を媒介とすると、さまざまな立場の人たちが交流し、協力できるのである。実際、そのような学校の持つ力を意識的に利用していると思われる ESD の実践も見られる。

　一方、「初等中等教育への関与」にも問題が見られないわけではない。大学、学生団体など外部者が初等中等学校に関与する場合、初等中等教育の教師はしばしば過度に依存し、いわゆる「丸投げ」になりやすい。「丸投げ」になってしまうと、教師の意識の上でも実践の上でも、学校の通常の教育の外側に、外部者の関与する教育がいわば付加された形となる。有機的な統合が行われにくくなるのである。丸投げにならないためには、そのための工夫、たとえば大学教員・学生と初等中等学校教員が共同で教材を開発し、初等中等学校教員のコミットメントを高めるなどの工夫が必要になろう。

c. アクション・リサーチ

　神戸大学では、ESD の柱の一つとしてアクション・リサーチを通した学生教育の充実があげられている。たとえば「ESD ボランティア育成プログラム創成プロジェクト：ESD ボランティア塾ぽらばん」は「環境、人権、福祉、貧困、開発などの多様な領域でのボランティア活動を通して、社会的課題を ESD の観点で捉え、その総合的な解決に主体的に関わるようになること」を目指し、「ボランティア活動・サービスラーニング・ESD を統合し、その推進課題を検討しようとする」アクション・リサーチであり、また ESD 演習Ⅰ（環境発達学）のサイエンスショップ（カフェ）演習では、「高度科学技術社会

における専門家と非専門家の対話と協働の場としての、サイエンスカフェ、サイエンスショップをフィールドとして、学生自らが設定する課題についてアクション・リサーチに取り組んでいる」。ESD をアクション・リサーチ、すなわち「社会的問題を解決していこうとする現場に研究的な立場で関与している活動」の手法で行おうとしているのである。この手法では、ESD にかかわる現実の問題を学生自らが見いだし、その解決に他者と協働しながら参与し、またその過程をふりかえることを通して知的・人格的成長をはかっている。

アクション・リサーチには教員（大学）が一貫して関わっており、大学の関与は大きいが、地域との協働の内容は学生と地域の人びととの相互作用を通して決まっていく面が大きく、構造化の程度は比較的低いといえる。

アクション・リサーチを通した教育は、理念の部分で述べた、ESD の目指すべき方向に多く合致する理想的な手法の一つであるが、松岡らが自ら認めているように、残されている課題も大きい。「はいまわる ESD ?」の項で指摘した、活動へのとらわれが生じやすい事、現実の問題は、教員の専門性に添ってうまく切り分けられるとは限らず、教員自身にも問題に対する見通しをつけにくい事、担当教員の負担が非常に大きいこと、学生が、教育活動の中である程度解決への見通しが得られるような、適切な問題を発見することが難しい事などさまざまな困難点が存在している。しかし ESD には、持続可能な世界を実現するため、自ら問題を見つけ、その解決の方途を探究し、社会に働きかけていく人材の育成が求められていることを考えれば、アクション・リサーチを通した教育には豊かな可能性が秘められている。今後、より多くの大学が試みるべき価値のある手法であるといえよう。

そのために何が必要かということについては、「はいまわる ESD?」の項と重複するので、ここでは繰り返さないが、組織に関連する部分についてのみ 2 点述べておきたい。

一つは研究組織についてである。神戸大学にはヒューマン・コミュニティ創成研究センター（HC センター）という「6 名の部門主宰の教員、プロジェクト部門に所属する教員、これらの教員と共同研究を行う学内の教員、『発達支援論コース』に所属する学部生、大学院生、ボランティアに関心をもつ学生

等々が恒常的に関わり、さまざまな学外者と共同研究を行っている」強力な学際的研究組織が存在しており、そこがアクション・リサーチを通したESDを推進する基盤となっている。「ESDコースは、HCセンターを基点に全学的な広がりをもった教員のネットワークによって支えられている」のである。

ESDを行おうとする大学がまず着手するのは、学際的教育組織の設置であろう。しかし、それだけでは、教員のアイデンティティは所属学部・学科に残されたままであり、そこからESD科目に出動していくにとどまる。教員のアイデンティティは研究によって規定される部分が非常に大きい。したがって学際的教育組織は学際的研究組織に裏打ちされていることが望ましい。神戸大学の松岡らが本書の中で明言しているわけではないが、ESDをバックアップする研究組織と、そこにアイデンティティを（全部ではないにせよ）持つESDの中核的教員の存在することが、神戸大学のESDが一定の成功を収めている要因の一つとなっていると筆者は考えている。

もう一つは大学間の連携である。規模の大きな総合大学は学内の教員で学際的教育組織を立ち上げ、学生のさまざまなニーズに応じることが可能であるが、単科大学や小規模な大学は多様なニーズへの対応は困難であり、無理に応じようとすると、担当教員に過剰な負担が集中することになり、それこそ持続不能な教育になってしまう。いくつかの大学が連携してリソースを出し合い、バーチャルな教育組織を作ることができれば、この問題に対する一つの解決策に成りうる。環境省が提唱しているコンソーシアムがこれにほぼ相当する。ただし、大学間の折衝にやたらに手間暇かかるようではうまくいかない。教員や学生から見て、あたかも1つの大学内の教育組織であるかのように使い勝手の良い教育組織であることが望ましい。

d. インターンシップ

インターンシップは基本的にインターンシップ受け入れ先のプログラムに従った実務経験を体験するので、構造化の程度は高いが、大学の関与はそれほど大きくない。

筆者自身も環境インターンシップをこの3年間担当しており、学生のふり

かえりを授業の一部として行っているが、そこからは後述するようないくつかの傾向性が読み取れる。

① NPOでは資料整理のような比較的簡単な作業から、パンフレット作成、学校で使用する教材作成、子どもへの指導、環境イベント準備など中核的業務に至るまで非常に幅広い実務経験が提供されている。企業の場合は排水管理、環境報告書、地域との環境コミュニケーションなど環境実務をバランスよく体験することができる。しかし、当然ではあるが、学部レベルのインターンシップでは、高度に専門的な中核業務への参与は難しい。

② 企業でのインターンシップを経験した学生のほとんどが、企業の環境業務への真摯な態度や地域との良好な関係を築くための努力に感銘を受けている。

③ 環境業務のためには、環境についての知識だけでなく、英語、プレゼンテーションスキルなど基礎的能力が必要であることを痛感する学生が多い。インターンシップが大学での学習への動機付けともなっている。

④ NPOでインターンシップを行った学生の中には、継続的なサービスを市民に提供していくために、NPOも経営感覚や財務基盤確保の必要があることを認識したとする学生も存在する。

また環境インターンシップに特有のものとはいえないが、

・仕事は個人プレーではなく、チームで行うものであるという実感
・難しい業務をやりとげたあとの達成感
・仕事の下準備の大切さへの自覚

が得られたという学生も多い。総じて学生の満足度は非常に高い。

これは筆者の限られた経験であり、必ずしも一般化はできないかもしれないが、環境実務の経験が学生にとって貴重な経験であり、高い教育効果を持っていることは多くのインターンシップ関係者の共通認識となっている。

もちろん課題がないわけではない。インターンシップ全体に共通する問題、すなわち学生の希望と企業・NPOの希望のミスマッチ、安価な労働力としての扱いを受けかねないなどの問題はあるが、ここではESD関連インターン

シップの受け入れ先となることが多いNPOに関わる課題を二つ指摘しておきたい。

一つは、コーディネーターの介在などによって、近年改善されてきていることであるが、大学側に受け入れ可能なNPOについての情報が乏しく、担当教員の人脈に頼りがちなことである。人脈に頼ることは必ずしも悪いことではないが、担当教員の専門に近い分野に偏りがちであること、担当教員がインターンシップ担当部署から異動してしまうと、連携が滞ってしまいがちなことが難点である。地域の大学と地域のNPOを結ぶ役割を果たす専門的組織が介在してコーディネート機能を果たしてくれることが望ましい。これは担当教員の事務負担軽減にもつながる。

もう一つは、より本質的な問題であるが、地方の場合、インターンシップを受け入れる余力を持つようなNPOが少ないことである。ESDに関わるさまざまな問題は地方にもあり、それに関わるNPOももちろん存在するのだが、ほとんどの場合、市民が手弁当で運動を進めており、インターンシップで要求されるような組織的実務経験を供給することは難しい。そのため、地域の身近な問題がありながら、学生は都市でのインターンシップを選択せざるを得ないことが多くなる。この問題に大学だけで有効に対処することは難しく、NPOの発展を待つ以外にないのかもしれない。

e. 学生の自主的活動

学生の自主的活動は環境サークル、環境面に配慮した大学祭の開催などほぼ完全な自治的活動から、環境ISO学生委員会のように、環境マネジメントシステムの運営など大学の意思決定に参画する権限を与えられているものまで多様な形態があるが、活動は学生の発意による場合がほとんどで、内容も年度によって変動があり、構造化の程度・大学の関与はいずれも大きくない。

活動内容・形態とも多様であるが、大きくまとめると以下のように分類することができよう。なお以下では、環境に関連する学生の自主的活動に絞っており、福祉・国際協力などESDに関連する他の分野には言及しないが、ISOに関するものを除けば、他の分野にもおおよそ当てはまると考えている。

1）環境サークル

環境に関連する活動を自主的に行う団体である。サークルの置かれている大学の学生を主な構成員とするが、他大学の学生や卒業生が加入していることもある。環境についての学習会や自然観察会も行うが、大学祭での資源回収・リユース食器の供給、教科書や卒業生が残していく家電・家具のリユース、地域に迷惑をかけることの多い放置自転車の再利用などの3R活動、キャンパスや周辺地区のゴミ拾い、海岸清掃、花壇作りなどの環境美化活動、学内外の自然保護活動、野菜栽培といった実際的な活動が多く行われている。小学校の授業への協力、大学祭での出展・シンポジウム等の啓発活動も行われている。特色ある活動としては東京大学、早稲田大学、滋賀県立大学などがあげられる。東京大学の環境三四郎という環境サークルは博士学位取得者や大学スタッフを中心としたリサーチセンターという部門を持ち、調査研究を行っている[14]。早稲田大学の環境サークルの環境ロドリゲスは、経済チームという部門を持ち、企業と共催した合宿形式の全国学生環境ビジネスコンテストを主催している[15]。滋賀県立大学環境マネジメント事務所は学生の環境サークルでありながら、県立大学生協、JA東びわこ、コープイン京都、コープしがといった団体の環境マネジメントシステム支援、ISO14001セミナーの開催、県立大学のカーボンマネジメント支援といった専門的な支援活動を行っている[16]。

2）地域の大学の学生ネットワーク

地域の大学の学生が意見・情報交流・協働活動を行うネットワークである。たとえばエコネクスなごやは名古屋地区の学生が集まり、各種イベントでの出展を通じてのリユースの啓発活動、廃食油を使ったキャンドルを使ったキャンドルナイトイベント開催を行っており[17]、高校生を含む山梨県の学生で構成するやまなしエコユースフォーラムは小学校での環境教育、農業体験、自然観察、清掃活動、イベントでのファアトレードカフェの出展等を行っている[18]。

3）全国的な学生ネットワーク

地域を限定せず、全国規模で学生が意見・情報交流・協働活動を行うネットワークである。たとえばECO学園祭Networkは学園祭の環境対策について学園祭実行委員会の学生達が交流するネットワークであり、メーリングリス

ト、ブログ、mixi コミュニティにより電子的な交流を行うと共に、ミーティングや大学祭の見学会、東京を中心とした学園祭資材（国産間伐材割箸等の環境配慮型商品）の共同購入を行っている[19]。また全国大学生環境活動コンテスト実行委員会は企業やエコ・リーグ（全国青年環境連盟）と共催ではあるが、学生が企画運営し、社会人（学識経験者、企業人等）と学生の選考委員による学生の環境活動の評価・表彰と全国の学生の交流活動を通じて、学生の環境活動の振興を図っている[20]。

4) 大学の環境マネジメントシステムへの参画（環境 ISO 学生委員会）

千葉大学、千葉商科大学、三重大学などで見られる。新しいタイプの自主活動であり、大学の公的な組織の一部を構成し、環境マネジメントシステムの企画や運用に参画する。学生は大学の構成員として、受動的な立場でなく、能動的に大学の意思決定に参画すべきという理念に基づく。そのため、環境サークルの項で述べた 3R 活動等の他、環境内部監査や環境報告書の作成といった環境マネジメントシステムの基幹業務にも学生が携わっている。

以上の他に、学生が地域の NPO や行政主催の活動に参加したり、環境活動を直接の目的としないサークルが環境美化活動に参加する場合も含めると、学生の自主的環境活動はほぼ普遍的に行われているといえよう。これらの活動はいずれも参加学生の環境保全への意欲や地域との協働意識の形成をもたらす教育的効果があると考えられるが、大学教育との関連で注目すべきは、学生の主体者意識の高揚であろう。リースマンは 1980 年の「高等教育論」においてアメリカの大学が「学生消費者主義」に移行している状況を指摘した[21]。日本の大学も同世代の 2 人に 1 人は進学するユニバーサル段階を迎え、学生を教育サービスを享受する消費者としてとらえる考え方が支配的になってきている。しかし教育は本来、学習者の学ぶ主体性なくしてはなりたたない性質を持っており、学生は消費者というよりも教育の主体ととらえるべきものである。しかし、現状では学生の主体者意識を育成するのはなかなか難しい。科目選択のように、学生の主体性が発揮できると思える場面でも、多くの場合は、カフェテリアでコーヒーにするのか、紅茶にするのかという選択と同様に、メニューの中から好きなものを選ぶという消費者的・受動的な選択にとどまる。真の主体

者意識は、自己の選択や行動に伴う責任を引き受けるところから生ずる。環境マネジメントシステムに参与したり、環境への負荷が少ない学園祭を企画・運営することは、組織の責任の一部を引き受けることであり、主体者意識を育てる一種の教育的経験とみなすことができる。実際、三重大学の環境 ISO 学生委員会委員長は、学長や地域の人びととの対話の中で「学生が中心となって、周りの人たちを巻き込んでいくことで大きな風を起こし、地域の人や環境に興味のない人も巻き込んで、津市、三重県、日本、世界へと学生の力で大きな風を吹かせていきたいです」と強い主体者意識を表現している[22]。

大学はこのような観点からも、学生の自主的活動への支援を強めていくべきであろう。

参考文献

1) United Nations Educational, Scientific and Cultural Organization: Declaration on Science and the Use of Scientific Knowledge, 1999、
http://www.unesco.org/science/wcs/eng/declaration_e.htm
2) 日本学術会議日本の展望委員会：第4期科学技術基本計画への日本学術会議の提言，学術の動向，76-87, 2010
3) 吉川弘之，持続性のための科学研究，http://scienceportal.jp/HotTopics/opinion/91.html（科学技術振興機構）
4) The Division for Sustainable Development (The United Nations Department of Economic and Social Affairs), Agenda 21, 1992
http://www.un.org/esa/dsd/agenda21/utm_source=OldRedirect&utm_medium=redirect&utm_content=dsd&utm_campaign=OldRedirect
5) National Service-Learning Clearinghouse: What are the Characteristics of Service-Learning?
http://www.servicelearning.org/what_is_service-learning/characteristics/index.php
6) 日本学術会議哲学委員会哲学の展望分科会：哲学分野の展望—共に生きる価値を照らす哲学へ—、2010、http://www.scj.go.jp/ja/info/kohyo/pdf/kohyo-21-h-1-2.pdf
7) 阿部治・市川智史・佐藤真久・野村康・高橋正弘：「環境と社会に関する国際会議：持続可能性のための教育とパブリック・アウェアネス」におけるテサロニキ宣言、環境教育、8 (2)、71-74、1999
8) 宇井純、合本公害原論、亜紀書房、1988
9) 岸本弘他、教育心理学用語辞典、学文社、1994

10) Disinger, John F.: Environmental Education for the Eighties, Journal of Soil and Water Conservation 36 (1), 9-12, 1981
11) Berberet, William G.: Earth Day and Environmental Education:Retrospect and Prospect. IES Monograph 1., 12, Wisconsin University, 1988
12) 都留文科大学：山・里・町をつなぐ実践的環境教育への取組　フィールド・ミュージアムへようこそ、http://www.tsuru.ac.jp/~kankyogp/index.html
13) 杉浦克明・吉岡拓如・井上公基、地域社会から見た大学が行う「樹木博士」、日本環境教育学会第21回大会要旨集、106、日本環境教育学会、2010
14) 環境三四郎、http://www.sanshiro.ne.jp/
15) 早稲田大学学生環境NPO環境ロドリゲス、http://rodo.jp/
16) 滋賀県立大学環境マネジメント事務所、http://www.geocities.jp/emo_iso14001/
17) エコネクスなごや、http://econex.n-kd.jp/
18) やまなしエコユースフォーラム、http://blog.goo.ne.jp/change-eco-history/e/d1cc205de07f048a6c32b4b92dfe207f
19) ECO学園祭Network、http://www.eco-2000.net/ecofesta/
20) 全国大学生環境活動コンテスト実行委員会、http://www.ecocon.info/
21) リースマン、高等教育論、多摩川大学出版部、1986
22) 三重大学環境ISO推進室、環境報告書2009、三重大学、2009

■著者紹介

荻原　　彰　（おぎはら　あきら）

　　三重大学教育学部教授
　　上越教育大学大学院修士課程学校教育研究科修了
　　博士（学校教育学）
　　主著
　　　『環境教育への招待』（共著）ミネルヴァ書房、2002
　　　『STS教育入門』（共著）かもがわ出版、2003
　　　『未来を展望する理科教育』（共著）東洋館出版、2006
　　担当章：はじめに、第2章1.、第4章

鈴木　克徳　（すずき　かつのり）

　　金沢大学環境保全センター教授
　　東京大学工学部都市工学科卒
　　主著
　　　『フロン：世界の対応　技術の対応』（共著）日刊工業新聞社、1989
　　　『持続可能な社会への挑戦』（共著）上智大学現代GP、2010
　　　『中国環境ハンドブック2009-2010』（共著）蒼蒼社、2009
　　担当章：第1章

松岡　広路　（まつおか　こうじ）

　　神戸大学大学院人間発達環境学研究科教授
　　東京大学大学院教育学研究科教育行政学専攻博士課程単位取得退学
　　修士（教育学）
　　主著
　　　『生涯学習論の探究』学文社、2006
　　　『社会教育の基礎』学文社、2006
　　　『生涯学習と社会教育』学文社、2003
　　担当章：第2章2.

朴木佳緒留　（ほうのき　かおる）
　　神戸大学大学院人間発達環境学研究科長・教授
　　広島大学大学院教育学研究科修士課程修了
　　修士（教育学）
　　主著
　　　『「ジェンダー文化と学習」理論と方法』明治図書、1996
　　　『ジェンダーと教育の歴史』（共著）川島書店、2003
　　　『発達科学への招待』（共著）かもがわ出版、2008
　　担当章：第2章2.

髙尾　千秋　（たかお　ちあき）
　　神戸大学大学院人間発達環境学研究科助教
　　神戸大学大学院総合人間科学研究科博士前期課程修了
　　修士（学術）
　　主著
　　　『大自然遊々ガイド―コースサービスレポート―』（財）大阪府青少年活動財団、2001
　　担当章：第2章2.

芦川　智　（あしかわ　さとる）
　　昭和女子大学生活科学部教授
　　東京大学大学院修士課程工学系研究科修了
　　博士（工学）
　　主著
　　　『すまいを科学する』（共編著）地人書館、1990
　　　『東欧の広場』（共著）鹿島出版会、1993
　　　日本建築学会編『ガラスの建築学―光と熱と快適環境の知識―』学芸出版、2004
　　担当章：第2章3.

小林　修　（こばやし　おさむ）
愛媛大学国際連携推進機構アジア・アフリカ交流センター准教授
北海道大学大学院農学研究科博士課程修了
博士（農学）
主著
「視覚障害者とともに学ぶ森林環境教育」『森林技術』2006年8月号
『四国のかたちを考える―四国の再評価と地域創成』（共著）シード書房、2007
「持続可能な社会づくりに果たすICTの役割―愛媛大学環境ESDカリキュラムの事例から」『コンピュータ＆エデュケーション』27巻
担当章：第2章4.

玉　真之介　（たま　しんのすけ）
岩手大学理事・副学長
北海道大学大学院農学研究科博士後期課程修了
博士（農学）
主著
『Japanese Agriculture from a Historical Perspective』（共著）筑波書房、2007
『グローバリゼーションと日本農業の基層構造』筑波書房、2006
担当章：第2章5.

小金澤孝昭　（こがねざわ　たかあき）
宮城教育大学教育学部教授
東京都立大学大学院理学研究科博士課程地理学専攻単位取得退学
博士（農学）
主著
『地域を調べ地域に学ぶ―持続可能な地域社会をめざして―』（共著）古今書院、2006
担当章：第3章

■ 監修者紹介

阿部　治（あべ　おさむ）

　　立教大学社会学部教授・ESD 研究センター長
　　日本環境教育学会会長
　　筑波大学大学院環境科学研究科修了
　　主著
　　『環境メディア論』（共著）中央法規出版、2001
　　『日本型環境教育の提案』（共著）小学館、2000
　　『現代環境教育入門』（共著）筑波書房、2009

■ 編著者紹介

荻原　彰（おぎはら　あきら）

　　三重大学教育学部教授
　　上越教育大学大学院修士課程学校教育研究科修了
　　博士（学校教育学）
　　主著
　　『環境教育への招待』（共著）ミネルヴァ書房、2002
　　『STS 教育入門』（共著）かもがわ出版、2003
　　『未来を展望する理科教育』（共著）東洋館出版、2006

高等教育と ESD
―持続可能な社会のための高等教育―

2011 年 9 月 20 日　初版第 1 刷発行

■ 監 修 者────阿部　治
■ 編 著 者────荻原　彰
■ 発 行 者────佐藤　守
■ 発 行 所────株式会社　大学教育出版
　　　　　　　〒700-0953　岡山市南区西市 855-4
　　　　　　　電話（086）244-1268　FAX（086）246-0294
■ 印刷製本────サンコー印刷㈱

© Akira Ogihara 2011, Printed in Japan
検印省略　落丁・乱丁本はお取り替えいたします。
本書のコピー・スキャン・デジタル化等の無断複製は著作権法上での例外を除き禁じられています。本書を代行業者等の第三者に依頼してスキャンやデジタル化することは、たとえ個人や家庭内での利用でも著作権法違反です。

ISBN978-4-86429-067-8